서양고전관통 1

서양 고전의 시작

서양고전관통 **1**

초판 1쇄 인쇄 2023년 5월 20일
초판 1쇄 발행 2023년 5월 30일

지은이 이종필
펴낸이 정성준

펴낸곳 도서출판 목양
등록 2008년 3월 27일 제 2008호-04호
주소 경기도 용인시 처인구 양지면 학촌로53번길 19
전화 070-7561-5247 팩스 0505-009-9585
홈페이지 www.mokyangbook.com
이메일 mokyang-book@hanmail.net

Copyright ⓒ 이종필 2023

ISBN 979-11-92332-15-4 (04230)
　　　 979-11-92332-14-7 (세트 전 4권)

하 나 님 나 라 관 점 으 로 읽 는 서 양 고 전

서양
고전
관통

1

서양 고전의 시작

이종필 **지음**

킹덤처치연구소

복음설교자로 태중에서부터 나를 부르신 하나님, 학부에서 인문학을 전공하도록 권하시며 목회자의 길로 이끌어주신 아버지, 읽고 쓰고 강의하는 동안 가정에서 많은 일을 감당해준 헌신적인 어머니와 아내, 연구의 기회를 주신 교회성장연구소 식구들, 옆에서 자료를 제작하는 일에 헌신한 송민정 간사, 인강을 만드는 데 헌신적으로 수고해 준 박현종 목사, 인문학적 영감의 원천인 시은, 지민, 재현, 특히 가슴으로 낳은 막내아들 일우에게 감사의 마음을 표합니다.

저자의 인문학적 통찰과 영역이 넓고도 깊다. 치열한 노력과 성실함, 그리고 방대한 지식과 해석에 박수를 보낸다. 기독교적 관점에서 읽는 서양고전은 그 맛이 다르다. 서양고전의 관점으로 성경을 읽어내는 노력들은 많았지만, 의외로 성경적 관점에서 서양고전을 논하는 책들은 많지 않았다. 저자는 본서에서 그 과감한 시도를 하고 있으며, 그 결과는 매우 성공적이다. 신화에서부터 현대문학에 이르기까지 그 독특성과 업적을 드러내면서도 분명한 한계를 짚어 내어 기독교인의 관점에서 어떻게 고전을 읽어내고 적용점을 찾아야 하는지 친절한 안내자의 역할을 하고 있다. 저자의 바람처럼 원전을 펼치기 전 본서를 먼저 읽기를 강력히 추천한다. 신화의 마을에서 출발해 고전문학의 정거장을 지나 성경의 종착역에 이르게 되는 멋진 여행이 될 것이다.

최병락 목사 | 강남중앙침례교회 담임, 월드사역연구소 소장,
<바람을 잡는 그대에게> <목회 멘토링> <부족함> 저자

현대를 사는 우리에게 고전을 읽는 것의 중요성은 아무리 강조해도 지나치지 않습니다. C. S. 루이스는 옛날 책 즉 고전을 읽는 것의 유익에 대해서 '지나간 수 세기의 깨끗한 바람이 우리의 정신에 계속 불어오게 만

들어 시대정신의 포로가 되는 것을 피할 수 있다'고 하였습니다. 특별히 고전은 시대를 뛰어넘어 인류 공통의 문제들을 이야기 형식으로 집약, 축적하여 계승 발전시켜왔기 때문에 우리는 고전을 통해 사람을 이해할 수 있는 지혜를 얻을 수 있습니다. 하지만 서양 고전 또한 인간의 지식과 지혜가 집약된 고도의 산물일지라도 '인본주의'라는 한계를 가지고 있습니다. 고전을 읽어내는 것도 중요하지만 어떤 관점으로 읽고 해석하고 소화하느냐가 더 중요합니다.

저자가 심혈을 기울여 집필한 이 책은 독자가 성경과 복음의 안경을 쓰고 서양 고전을 읽어갈 수 있도록 인도하는 훌륭한 길잡이입니다. 특별히 저와 같은 목회자에게 이 책은 목회의 가장 기본이 되는 '사람을 이해하는 것'의 깊이를 더해갈 뿐 아니라 매주 치열하게 진행하는 설교 준비에도 큰 도움을 줄 것이라고 생각합니다. 무엇보다 각 고전 작품과 성경을 연결하는 구조가 정말 탁월하여 고전의 이해는 물론, 해당 성경본문을 새로운 관점으로 볼 수 있는 통찰력도 얻을 수 있습니다. 고전을 통해 배우는 역사와 철학, 시대정신은 물론이요, 사람을 깊이 이해함과 동시에 성경을 폭넓게 이해할 수 있도록 도와주고 있습니다. 지성과 영성이라는 두 마리 토끼를 잡을 수 있는 좋은 기회이기에 기쁜 마음으로 추천합니다.

이인호 목사 | 더사랑의교회 담임,
<기도하면 달라진다> <기도하면 살아난다> 저자

2023년 2월 유럽 유학생들과 유럽 한인 2세들을 위한 연합수련회인 코스테에서 이종필 목사님을 처음 뵈었습니다. 목사님이 강의를 들으면서 강호의 고수를 만난 느낌이었습니다. 처음 만난 회중들의 마음을 한순간에 허물고 즐겁게 소통하는 그 모습에 매료되고 말았습니다. 그리고 목사님이 어떤 분인지 궁금해졌습니다. Koste 모든 일정을 마치고 돌아오

는 비행기 안에서 목사님께서 건네주신 이 책의 원고를 읽기 시작했습니다. 그리고 한순간에 회중과 소통하며 메시지 안으로 회중을 끌어당기는 그 힘의 원천이 어디에 있는지 알게 되었습니다.

저자는 대학에서 문학을 전공하였고, 오랫동안 인문학적인 책읽기를 계속해 왔습니다. 그리고 동료들과 후배들에게 그가 받은 '아하'의 경험을 계속 나누어 왔습니다. 이 책은 그 나눔의 결과물입니다. 이 책은 인문학적인 창으로 성경을 바라보며 우리의 최종 목적이 되신 예수 그리스도를 만나게 하며, 성경의 눈으로 고전과 명저들을 해석하여 이 세상을 향한 복음적 메시지를 찾게 합니다. 이 책이 출간되면 저는 가장 먼저 우리교회 성도들과 필독하게 될 것입니다. 이 책을 모든 독자에게 기쁨으로 추천합니다.

손철구 목사 | 홍익교회 담임

나는 이종필 목사를 처음 만난 날을 잊지 못한다. 그의 명성을 익히 들어서 알고 있었는데, 마침 그의 강의를 들을 기회가 있어 찾아갔다가 별도로 만나 대화할 수 있었다. 이전에 그를 책으로만 대했던 터라 딱딱하고 지성적인 인물일 줄만 알았는데, 그는 그러할 뿐 아니라 친절하고 유쾌했다. 대화뿐 아니라 강의를 들으면서 그가 오늘날 교회와 사회가 처한 현실을 정확히 진단하고 실질적인 대안을 제시하는 것을 보며 통찰을 얻었다. 이제 나는 그가 쓴 책으로 교회에서 하나님나라 제자훈련을 인도하고 있다. 당연히 만족도가 높다.

이번에 그가 보내준 이 책의 원고를 읽으면서 다시 한번 그의 역량에 놀랐다. 우선, 나같은 사람은 도저히 엄두도 내지 못할 책을 쓴 그에게 존경과 찬사를 보낸다. 필시 그가 문학과 신학을 모두 탁월하게 습득했기에 이런 글을 쓸 수 있었을 것이다. 나는 이 책의 추천사를 쓰게 되어서 너무나 감격스럽다. 나는 다음과 같은 이유로 이 책을 강력하게 추천한다.

첫째, 이 책은 재미있다. 술술 읽힌다. 나는 이 책을 읽으면서 다른 일을 할 수 없었다. 독자들께서도 이 책을 한번 읽기 시작하면 나처럼 깊이 빠져들 것이다. 순식간에 전 권을 다 읽게 될지도 모른다. 특히 이 책의 구성은 가독성을 촉진한다. 저자는 고전들을 소개할 때 '인트로'를 제시하고, '묵상을 겸한 프리뷰'를 제공한 후, '하나님 나라 관점으로 작품요약'을 한다. 이러한 구성은 아직 고전을 읽지 않은 사람에게 고전 읽기를 대신할 수 있게 하여 고전을 꼭 읽어야지 하면서도 읽지 못했던 부담감으로부터 해방을 얻게 하고, 이미 고전을 읽은 사람에게 성경적 렌즈로 고전을 이해할 수 있게 하여서 고전 읽기를 더욱 의미있게 한다.

둘째, 이 책은 성경을 더욱 정확하고 풍요롭게 이해할 수 있게 해 준다. 저자는 고전을 꼼꼼하고 정밀하게 분석하면서 성경과의 연관성을 제시한다. 고전의 모티프가 성경의 모티프와 어떻게 상관되는지를 타당하게 설명해준다. 즉 독자들은 고전에 소개된 사람들의 사고방식, 행동양식, 문화관, 언어의 용례 등이 성경적으로 어떻게 평가될 수 있는지를 보게 된다. 성경은 사회와 문화를 배경으로 하여 기록되었기에 성경을 이해하려면 사회적 문맥을 이해하는 것이 필수이다. 이는 성경 이해가 문자적 차원에서 그치면 안 된다는 점을 시사한다. 더욱이 하나님의 계시는 대단히 풍요롭고 다채롭다. 따라서 성경을 알기 위해서는 사회와 역사와 문화를 알아야 하는데, 고전 읽기는 그러한 점을 가능하게 해 준다.

셋째, 이 책은 기독교 세계관을 정립해 준다. 저자는 성경적 관점으로 고전들을 설명한다. 원래 서양 고전은 기독교 세계관을 바탕으로 하는 것도 있고 그것을 어느 정도 공유하는 것도 있다. 혹은 기독교를 반대하는 입장에 서있는 것도 있다. 그러므로 저자의 안내를 따라가다 보면 고전을 마냥 재미있거나 교훈적인 책으로만 여기게 되는 것이 아니라 어느새 기독교적 사고체계 형성과 발전이라는 선물을 받게 된다. 즉 이 책을 통해서 우리가 세상을 어떻게 바라봐야 하는지를 배울 수 있게 된다. 따라서 이 책을 교회에서 그룹 공부용으로 사용해 볼 것을 제안한다. 여러 사람이 이 책을 읽고 토론을 벌이다 보면 성경적 시야로 세상과 인간을 바라보는 힘을 키울 수 있게 될 것이다.

넷째, 이 책은 우리가 어떻게 성경을 시대의 언어로 설명하고 전파해야 하는지를 가르쳐준다. 고전은 사람들의 보편적인 인식과 세계관을 담고 있다. 따라서 고전을 읽으면 사람과 사회를 바로 해석하게 되어서 우리가 사람들에게 나아가 그들의 형편과 처지에 맞게 성경을 전할 수 있게 된다. 곧 우리를 말이 통하는 전도자가 되게 한다. 실제로 오늘날 성경을 가르치는 사람들이 시대정신과 문화를 이해하지 못한 채 폐쇄된 가르침과 답답한 화술로 사람들과의 접촉점을 상실하는 일이 많다. 그러나 성경의 관점으로 고전을 읽으면 그러한 문제가 상당 부분 해결된다. 이제 이 책을 읽으므로 지혜로운 전도자와 교사가 되어 보자.

그러므로 나는 이 책을 강력하게 추천한다. 이 책을 읽으면 성경이 더욱 의미있는 메시지가 될 것이며, 기독교적 사고체계를 견고히 갖추어서 세상을 올바르게 이해하고 분별할 수 있을 것이고, 말이 통하는 전도자가 되어서 복음을 더욱 잘 가르칠 수 있을 것이다. 나는 가급적 많은 그리스도인이 이 책을 읽기를 기대한다. 더욱이 비그리스도인들도 이 책을 읽을 수 있다면 좋겠다. 고전이란 모든 사람이 공유하는 것이고 저자가 일상의 글투로 썼으니 이 책이 그들에게 쉽게 다가갈 수 있으리라 본다. 그런 면에서 나는 이 책이 훌륭한 기독교 변증서가 될 것이라 믿는다. 그들이 이 책을 읽는다면 성경이 보편타당한 진리임을 깨닫게 될 것이고, 아울러 그리스도인들의 부족함으로 인해 생긴 기독교에 관한 오해가 해소될 것이다.

황원하 목사 | 산성교회 담임
<설교자를 위한 마가복음 주해> <요한복음> <사도행전> 저자

저자의 강의를 들을 기회가 있었습니다. 하나님이 만드신 자기 얼굴로 (?) 탁월하게 청중들을 집중시켰습니다. 자기 얼굴 뒤에서 역사하신 하나님 나라를 전하는 것을 보았습니다. 하나님은 자신의 형상을 따라 사람을 만드셨습니다. 이 말은 사람을 잘 알아야 하나님 나라를 쉽게 이해할 수 있다는 말입니다. 이 책은 서양 고전을 통해서 사람을 이해하게 만든 책입니다. 그래서 하나님 나라와 복음을 쉽게 이해하도록 도움을 주는 너무 좋은 책입니다. 읽기 어려운 고전을, 생각 없이 읽게 되는 고전을 하나님 나라와 연결하여 은혜를 부어주는 책입니다. 이런 놀라운 책을 쓴다는 것이 부럽기도 하고, 놀랍기도 합니다. 코로나 기간에 이 귀한 책을 집필하여 한국 교회에 내놓게 하신 주님께 감사하며 본 책을 적극적으로 추천하는 바입니다.

장동학 목사 | 하늘꿈연동교회 담임

차례

추천의 글　＿6

들어가는 글　＿14

01장 토머스 불핀치《그리스로마 신화》　＿25

'모든 신화들을 현대인의 손에 전해주다'

02장 오비디우스《변신이야기》　＿51

'그리스 신화를 로마로 확장한 오리지날 그리스로마 신화'

03장 호메로스《일리아스》　＿71

'영웅이 되기 위한 성장이야기'

04장 호메로스《오디세이아》　＿101

'모험 가득한 인생을 위한 조언'

05장 소포클레스《소포클레스 비극》　　_ 139

　　'피할 수 없는 비극으로 가득한 인생'

06장 베르길리우스《아이네이스》　　_ 169

　　'트로이 유민들 로마의 시조가 되다'

07장 단테《신곡》　　_ 201

　　'이생을 위한 사후세계 여행기'

08장 보카치오《데카메론》　　_ 237

　　'사람 냄새 물씬 나는 백 개의 이야기'

들어가는 글

서양 고전의 원천인 신화 캐릭터들은
지금도 살아 있다.

　얼마 전 통계에 따르면 유럽에서 하루 등록되는 상표의 60%가 그리스
로마 신화에서 아이디어를 차용한다고 한다. 그리스로마 신화 속에 등장
하는 캐릭터들을 전 세계가 공유하고 있기 때문일 것이다. 세계 최고 온
라인 상거래 플랫폼 Amazon은 트로이전쟁에서 패색이 짙었던 트로이를
도와 그리스연합군의 전사 아킬레우스와 싸웠던 용맹한 여성부족 아마조
네스에서 이름을 따왔다. 부족을 지키기 위해 한쪽 가슴을 절제하고 활을
쏘며 용맹하게 싸웠다는 전설의 여성전사들처럼 Amazon은 자신들의 플
랫폼으로 전 세계 온라인 상거래 시장을 맹렬하게 정복하고 있다. 이 이
름은 이미 수백 년 전 남미를 침략한 유럽인들이 큰 강에 붙인 이름이기
도 하다. 머리가 긴 원주민들이 활을 들고 유럽인들과 싸우러 나왔을 때,
그들은 신화 속 여성전사를 연상했다. 이 외에도 아마존은 볼보의 중형차
이름으로, 만화 원피스에 등장하는 여성들만의 섬 이름으로, 디아블로의
여전사 캐릭터 이름 등 열거할 수 없을 정도로 많이 차용되었다. 아마조
네스 전사들은 세계 수많은 사람들의 입에 오르내리며 지금도 살아 자신

들의 이야기를 나누고 있는 셈이다.

이런 예는 우리 주변에서 쉽게 찾아볼 수 있다. 제우스의 전령 헤르메스의 모자를 이미지로 사용하여 한국인들에게 갖가지 소식을 전해주는 전령 역할로 우뚝 선 네이버, 오디세우스 일행을 유혹했던 세이레네스를 차용하여 커피와 함께 특별한 분위기로 전 세계인들을 매혹하는 데 성공한 스타벅스, 가정과 결혼의 신이자 제우스의 아내 이름을 따 최고급 화장품의 지위를 누리고 있는 헤라 등 우리나라의 기업이나 제품 이름으로도 신화의 캐릭터는 왕성하게 활동하고 있다. 헤라의 로마식 이름 유노(Juno)는 유럽에서 결혼하기 가장 좋은 계절인 6월의 이름이 되어 지금도 여전히 여왕의 지위를 누리고 있다(June).

캐논의 카메라 브랜드 에오스(그리스식 Eos, 로마식으로 Aurora, 영어 발음으로는 오로라)는 새벽의 신 이름으로 사진작가들이 풍경을 담기 가장 좋은 신비한 시간의 이미지를 풍기고 있다. 영웅 페르세우스가 죽인 괴물 메두사는 원래 치명적인 매력을 가진 아름다운 여성이었으나 아테나 여신의 저주를 받아 머리카락이 뱀이 되었고, 그녀를 보는 사람은 돌이 되어 누구와도 사랑할 수 없는 불행한 캐릭터가 되었다. 1978년 이탈리아의 패션 디자이너 지아니 베르사체가 누구든지 빠져들게 만드는 불행한 팜므 파탈 메두사의 이미지를 활용하여 베르사체라는 명품 브랜드를 고안했다. 이 명품 브랜드는 많은 여성들을 마비시켜 막대한 돈을 소비하게 만들고 있으니 메두사는 여전히 현대 여성들의 마음을 강탈하고, 사람들을 마비키시는 존재로 생명력을 유지하고 있다.

온라인 게임을 통해서 신화의 캐릭터들은 젊은 세대들을 사로잡았다.

메두사 이미지를 차용한 스타크래프트의 캐리건은 억울하게 피해자가 된 분노로 가해자가 된 캐릭터다. LOL의 카시오페아는 상체가 여자이고 하체가 뱀인 괴물 라미아의 이미지를 차용했다. 신화 속에서 라미아는 원래 리비아의 여왕이었으나 제우스의 연정의 대상이 되어 헤라의 저주를 받고 아이들을 훔쳐다 산채로 잡아먹는 괴물이 되었다. 이 캐릭터는 리니지에도 등장한다. 테세우스를 영웅으로 만들어 준 괴물 미노타우루스(사람 몸에 얼굴은 소인 괴물)를 캐릭터화한 알리스타(리그 오브 레전드)와 타우렌(워크래프트)에 얽힌 이야기는 모르는 이가 거의 없다. 이렇게 서양 고전의 원천이 된 신화의 캐릭터들은 지금도 살아 있다.

그리스로마 신화는
우리 모두의 이야기다.

신화는 황당무계한 막장전설이 아니다. 신화란 이 세상의 기원에 대해 답을 찾고 싶어 하는 인간의 본성에서 탄생한 필연적인 결과물이다. 고대의 모든 문명은 각자의 신화를 만들어냈다. 그들의 정신은 기원을 설명할 수 있는 무엇인가를 만들어낼 수밖에 없었던 것이다. 그들은 신화 속에서 인생에서 겪는 수많은 사건을 해석할 수 있는 공식을 찾았다. 또한 이해할 수 없는 자연현상의 원인을 제공하여 미래의 방향을 결정하게 해 주는 납득할만한 설명을 얻어낸 것이다. 신화는 그들에게 자신이 누구인지, 세상은 어떻게 생겼으며, 세상의 모든 문제는 어떻게 발생하는지, 그래서 인간은 어떻게 살아야 하는지를 설명한다. 신화는 인간의 정신세계에 꼭 필요한 양식, 없으면 존재할 수 없는 그 무엇이었던 것이다. 그들은 신화를 통해 인생에 대한 철학적 사유를 한 것이며, 모든 자연현상에 대한 과학적 답변을 얻었던 것이다.

　이렇게 인류 정신세계에 생명을 공급하는 신화는 이야기라는 형태를 가졌다. 왜 교리나 격언이 아닌 이야기라는 방식으로 신화가 전해졌을까? 그것은 인간 정신과 가장 맞는 것이 이야기이기 때문이다. 우리 모두는 어릴 때 누구나 제일 먼저 이야기를 접한다. 이야기는 강한 호기심을 유발하고, 강렬하게 기억 속에 저장된다. 이야기를 듣는 사람은 졸지 않는다. 왜냐하면 그 이야기 속에서 자신을 발견하기 때문이다. 신화는 세상의 기원을 모두 이야기 형태로 설명한다. 카오스에서 가이아(땅)가 나왔고, 그녀가 우라노스(하늘)를 낳았다. 가이아와 우라노스가 결혼하여 많은 자녀들, 크로노스(시간), 휘페리온(빛), 오케아노스(바다) 등을 낳았다. 이것은 실제 결혼과 성을 통한 출산을 의미하지 않는다. 세상의 기원을 이야기로 설명하고 있는 것이다.

　정리하자면 신화는 정신을 가진 인간에게 꼭 필요한 기원에 대한 설명, 인생의 많은 문제들에 대한 해석의 틀, 자연 현상에 대한 답변을 주는 근본적인 이야기다. 지금도 우리는 종교와 철학과 과학을 통해 우리의 기원과 정체성에 대한 설명을 찾는다. 우리 인생에 일어나는 수많은 사건들을 해석할 수 있는 틀을 구성하려 노력한다. 그리고 자연 현상을 연구한다. 답을 찾는 방식이 조금 달라졌을 뿐 인간의 정신은 근본적으로 신화가 주었던 답을 필요로 하고 있다. 우리는 신화를 만든 고대 인류들과 마찬가지로 동일한 정신 활동을 하고 있다. 따라서 신화는 바로 우리들의 이야기라고 할 수 있다. 이제 우리는 신화가 제공하는 세계관을 다 받아들이지는 않는다. 그러나 우리의 정신 활동에 신화가 매우 중요한 역할을 하고 있음을 부인할 수 없다.

서양인문학은 그리스로마 신화에서 출발하여
서양고전으로 이어진다.

우리는 왜 동양인문학이 아니고 서양인문학을 공부하는가? 억울하지만 동양의 신화, 우리 한국의 신화는 서양에서는 물론이고, 동양 안에서도 많이 소비되지 않는다. 서양인문학 콘텐츠들이 게임이나 만화, 영화나 드라마 분야에서부터 모든 학문의 영역에서까지 훨씬 많이 소비된다. 인문학 콘텐츠는 많이 소비되어야 다양한 형태로 패러디되며, 재창조의 과정을 통해 풍성해진다. 서양인문학에 비해 동양인문학은 영화나 책, 드라마나 노래 등으로 재창조되는 일이 드물다. 청나라가 몰락하고 중국이 공산화의 길을 가면서 이런 현상은 더욱 두드려졌다. 적어도 16세기 이후로, 그 전에 중세 수도원에서 대학이 생긴 이후로, 서양이 문화적인 측면에서 동양을 앞서나갔고, 현재 전 세계가 서양인문학을 소비하고 있다는 것은 어쩔 수 없는 사실이다. 이 말은 우리의 잡담에서부터 거대한 문화 콘텐츠에 이르기까지 이 시대의 문화 속에서 서양인문학이 대세가 되어 재창조되고 있음을 의미한다. 그리스로마 신화에서 시작되어 성경과 어우러져 재탄생되었던 서양고전은 전세계인의 문화가 되었다. 심리학자 프로이트가 오이디푸스 왕으로 자신의 이론을 설명하고, BTS가 디오니소스를 노래한다. 우리는 서양인문학을 공부할 수밖에 없다.

서양 정신세계의 결과물이라 할 수 있는 서양인문학은 그리스로마신화에서 시작된다. 그리스로마 신화의 시작은 그리스의 영웅 테세우스의 아버지 아이게우스가 몸을 던진 데서 유래한 에게해 문명에서 시작한다. 사실 이 문명은 해상을 주름 잡던 페니키아인들이 메소포타미아와 이집트의 문명을 전하면서 시작된 후발문명이다. 그러나 이 문명은 크레타 섬에서 시작하여 그리스 본토 미케네 문명(트로이 전쟁의 총 사령관 아가멤논 왕의 나라)을 이루며 발전해갔고, 자신들의 세계관을 통해 신화를 만들었다. 구전되던 그 이야기들은 고대 그리스의 전성기인 기원전 8~5세기(남북으로 나뉘진 이스라엘이 앗수르와 바벨론에 의해 포로가 된 시기)에 이르러 서양 문명의 아버지라할 수 있는 호메로스와 헤시오도스를 통해 서사시로 정리된다. 호메로스는《일리아스》와《오디세이아》같이 영웅담을 썼으며, 헤시오도스는《신들의 계보》(혹은 신통기로 번역됨)를 통해 세상의 기원을 족보식으로 정리했다. 이 이야기들은 그리스의 전성기에《안티고네》같은 비극으로 수없이 재창조되었으며, 후에 지중해 전체를 정복한 로마에 의해 수용된다. 로마는 그리스의 신화를 자신들의 것으로 받아들이고, 로마의 신화까지 덧붙여 소위 '그리스로마 신화'를 완성했다.

로마로부터 유럽의 문명이 본격적으로 시작되고, 여러 나라로 분화되어 발전하여 그리스로마 신화는 서양인문학의 시작이 되었다. 중세 이후 서양 고전들은 사실 성경에 기반하고 있으나, 그 소재들은 여전히 '그리스로마 신화'의 캐릭터들이다. 이렇게 서양 인문학은 그리스로마 신화를 패러디하고 해석하며 재창조하면서 발전해 나갔다. 유럽의 문학 작품 중 성경과 더불어 그리스로마 신화의 캐릭터가 등장하지 않는 것은 거의 없다고 봐야 한다. 단테는《신곡》에서 지옥의 가장 깊은 곳에 예수님을 배신한 가룟유다와 카이사르를 배신한 브루투스와 카시우스를 위치시킨다. 독일의 문호 괴테는《파우스트》에서 욥기를 패러디하며, 신화 속 최고의 미녀 헬레네를 주인공 파우스트와 결혼시킨다. 이 서양고전 작품들은 서양이 주도하는 시대의 흐름을 따라 세계화되었고, 우리 모두의 교양이며 문화가 된 것이다.

서양고전은 신앙의 성장과
복음 전도에 큰 유익을 준다.

옷감을 짜는 자신의 재능에 도취되어 신에게 도전했다가 거미가 된 아라크네, 도가 지나치게 자식을 자랑하다가 신의 분노를 사 자식을 모두 잃은 니오베의 이야기는 신화 속 교훈이 성경과 멀지 않음을 보여준다. 끝이 없는 욕망으로 대지의 여신 데메테르(케레스)의 정원까지 넘보다가 기아의 여신에게 인도되어 아무리 먹어도 만족할 수 없는 저주를 받았던 에리식톤. 그는 재산을 다 잃었을 뿐 아니라 딸까지 노예로 팔게 되었다. 그의 이야기는 돈과 권력과 쾌락에 대한 욕망으로 멸망해가는 우리에게 너무나 큰 신앙적 교훈을 준다. 그리스의 영웅 테세우스가 국민들을 위해 처치한 악당 중 하나인 프로크루스테스. 그는 지나가는 사람을 붙잡아 자신의 침대에 눕힌 후, 침대보다 짧으면 늘려서 죽이고, 길면 잘라서 죽였다. 자기 기준으로 남들을 재단하는 폭력을 담고 있는 이 이야기는 내로남불의 시대에 부활하여 산상수훈의 교훈을 연상시킨다.

테세우스는 이런 풍습을 없애고, 많은 이들에게 자유함을 준 영웅이었다. 사실 주님의 말씀이 성령과 더불어 우리를 프로크루스테스에게서 구원해 준다. 신화는 단순히 옛날이야기가 아니다. 종교가 없는 사람에게 뿐만 아니라, 그리스도인들에게도 신화로부터 기원하여 성경과 결합된 서양 고전은 지혜롭게 살아가는 길을 제공하는 인생의 길라잡이 역할을 한다.

나아가 서양 고전은 복음을 전하는 데 큰 유익을 준다. 서양 고전은 우리 모두의 공통언어다. 다른 사람과 처음 만나 대화할 때 공통의 지식과 배경을 바탕으로 시작하면, 서로의 거리를 좁힐 수 있지 않은가. 또한 더 깊은 관계로 나아갈 수 있게 된다. 이런 과정 속에서 우리는 신뢰를 쌓아가고 더 중요한 일치에 도달할 수 있다. 따라서 서양 고전은 세인들에게 하나님의 복음을 전하는 데 있어 접촉점이 되며, 더 깊은 일치를 위한 여정에서 소중한 도구가 될 수 있다. 서양 고전은 우리의 말할 거리, 서로를 통하게 하는 아교다. 욕망, 의심, 배신에 대해 말할 때, 죄에 대해서 말할 때 셰익스피어 4대 비극은 아주 좋은 소재가 된다. 우리는 셰익스피어를 통해 인간의 죄와 악한 세상에 대해 공감하고, 그 후에 복음의 효용에 대해 말할 수 있다.

예수님과 사도들도 그 이전 시대의 인문학적 고전의 요소들을 사용하여 복음을 전했다. 예수님은 당대 유대인들이 공유하고 있는 지식들, 유대인들의 역사와 헬라의 철학 등을 활용하여 하나님나라를 가르치셨다. 특히 유대인들이 사용하던 이미지와 이야기들을 통해 비유로 천국 복음을 전하셨다. 요한은 당대의 공통지식이었던 소크라테스와 플라톤의 이원론적 접근법을 통해 빛과 어둠, 위와 아래, 진리와 거짓, 생명과 죽음 등의 대조개념으로 예수님을 소개했다. 바울도 아테네에서 헬라인들의 정신을 지배하는 신화와 철학과 대조하여 복음을 선포한다. '바울이 아덴에서 그들을 기다리다가 그 성에 우상이 가득한 것을 보고 마음에 격분하여 회당에서는 유대인과 경건한 사람들과 또 장터에서는 날마다 만나는 사람들과 변론하니 어떤 에피쿠로스와 스토아 철학자들도 바울과 쟁론할새 (행 17:16~18)' 같은 방식으로 서양 고전은 세상 속에서 살아가는 우리의 신앙과 복음 사역에 큰 유익이 될 수 있다.

서양 고전 관통을 출발하며

이제 토머스 불핀치의 《그리스로마 신화》와 그 근간이 되는 오비디우스의 《변신이야기》, 신화로부터 초대형 서사문학을 창시하여 서양문학의 아버지가 된 호메로스의 《일리아스》와 《오디세이아》로부터 서양 고전 여행을 시작하자. 《소포클레스 비극》과 《아이네이스》는 이전 작품들을 재창조하며 문학적 완성도를 높여갔다. 로마는 그리스에서 시작된 물줄기에 기독교 신앙을 끌어들여 《신곡》을 낳고, 단테를 존경하는 마음으로 보카치오는 100개의 이야기를 《데카메론》에 담아 페스트로 혼란한 유럽 사회를 미래로 이끈다.

독자들의 서양 고전에 대한 지식과 해석 능력은 이 책을 통해 매우 창대해 질 것이라 기대한다. 총 4권으로 된 〈서양 고전 관통〉 1권을 마친다면, 2권의 작품들은 술술 읽힐 것이고, 3권과 4권은 누워서 떡먹기가 될 것이다. 4권의 여행을 마치면 세상 모든 문화 콘텐츠를 해석하는 힘을 소유하게 될 것이다. 팀 켈러 목사님이 말하는 문화 내러티브 분석에 힘이 생길 것이다. 처음부터 원전을 읽으려 하지 말고 이 책을 따라 여행하시라. 인물과 배경과 이야기들을 익히면 나중에 원전이 쉽게 읽히게 됨을 약속한다.

1권은 '서양고전의 시작'편이다. 《그리스로마신화》《변신이야기》《일리아스》《오디세이아》《소포클레스 비극》《아이네이스》《신곡》《데카메론》을 다룬다.

2권은 저자를 밝힐 필요가 없는 '고전 중의 고전'이다. 《돈키호테》《셰익스피어 4대 비극》《파우스트》《레미제라블》《죄와 벌》《카라마조프 형제들》《부활》이 이어진다.

3권은 '여성 고전'이다. 톨스토이의 《안나 카레니나》, 제인 오스틴의 《오만과 편견》, 샬롯 브론테의 《제인 에어》, 모파상의 《여자의 일생》, 플로베르의 《보바리 부인》, 나다니엘 호손의 《주홍글씨》를 골랐다. 여성들이 주인공이며, 주로 여성들의 시각에서 작품이 전개된다.

4권은 '필독 고전' 편이다. 생떽쥐페리의 《어린 왕자》, 헤르만 헤세의 《데미안》, 프란츠 카프카의 《변신》, 서머싯 몸의 《인간의 굴레》, 찰스 디킨스의 《위대한 유산》, 에밀리 브론테의 《폭풍의 언덕》, 조나단 스위프트의 《걸리버 여행기》를 나름 필독 고전으로 선택했다.

저자인 내가 수많은 시간 고민하며 고안한 방식으로 독자들에게 최소한의 시간으로 최대의 효과가 있기를 기대한다.

2023. 5.
이종필 목사

01장

모 든 신 화 들 을
현 대 인 의 손 에 전 해 주 다

토머스 불핀치 《그리스로마 신화》

(번역본 : 최혁순 역, 범우사)

라틴어 선생님이 신화들을 편집하여
현대사회와 다리를 놓다

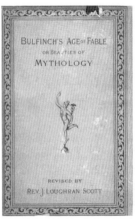

1855년 미국에서 출간된 이 책은 《그리스로마 신화》로 번역되어 한국에 소개되었는데, 원제는 《*The Age of the Fable*》이다. 2022년에 '열린책들'에서 원제 그대로 《신화의 시대》라는 제목으로 번역본이 나왔다. 번역만 다르고 내용은 같다. 이 책은 작가의 문학작품이 아니라, 고대의 신화들 중 중요한 내용을 편집한 것이다. 약간의 설명을 제외하고는 저자의 독창적인 부분도 없다. 그럼에도 이 책이 고전문학의 첫 부분을 차지하게 된 것은 어려운 신화

로런 스코트 목사가 편집하여 1898년 필라델피아에서 출판한 《불핀치의 신화의 아름다움 또는 우화의 시대》 개정증보판

의 세계에 입문하여 인문학을 공부하는 데 있어서 중요한 역할을 하는 입문서이기 때문이다. 라틴어 선생님이었던 저자는 각박해져가는 세상 속에서 인류가 정신적인 면에 더 관심을 갖기 위해서는 고전 작품들을 읽어야 하며, 그러기 위해서는 옛적 신화들을 이해할 필요성을 느꼈다. 그래서

신화들을 편집하고, 신화에 대해 이해할 수 있는 이 책을 쓰게 되었던 것이다. 저자는 서양인문학의 그 풍요로운 세계를 누리기 위해 신화에 대한 지식이 얼마나 중요한지 머리말에서 다음과 같이 밝힌다.

> 우리는 신화에 대한 지식 없이는 우리들의 언어로 쓰인 기품 있는 문학을 이해하거나 감상할 수가 없다. 바이런이 로마를 '여러 나라의 어머니인 니오베'라고 부르거나, 혹은 베니스를 '대양에서 갓 나온 바다의 키벨레처럼'이라고 읊었을 때, 신화에 능통한 독자라면, 그의 머리에는 백만의 낱말보다 더 생생하고 인상적인 모습이 그려지겠지만, 신화를 모르는 독자에게는 그것이 도무지 무엇인지 알 길이 없다.(그리스로마 신화, 머리말)

왜 그리스 신화가 아니고
그리스로마 신화인가?

20세기 프랑스의 고전학자 피에르 그리말에 따르면 그리스 신화의 정의는 다음과 같다.

> '원전과 유물이 가르치는 바에 의하면 그리스 신화란 기원전 8-9세기, 즉 호메로스(호머)의 시편까지 거슬러 올라가, 이교(異敎)세계의 종말인 그리스도 탄생 후, 즉 기원후 3-4세기에 걸쳐서 그리스어를 사용하는 여러 지방에 널리 퍼져 있던 갖가지 불가사의한 설화와 전설을 총괄하여 붙인 명칭이다.

《그리스·로마 신화》(최혁순 역, 1994년, 범우사)

이것은 지극히 풍부한 내용을 담고 있어서 명확하게 규명하기는 어렵지만, 복잡한 기원과 성격을 가지고 있으며 세계의 정신사상 중요한 역할을 해왔고 지금도 매우 중요한 역할을 하고 있다.'

《건축가 찰스 불핀치의 삶과 편지》(1896년)에 실린 토머스 불핀치의 사진

그리스 신화는 대략 기원전 8세기에서 기원후 3세기 정도까지 역사와 어우러진 신화와 전설들이 문헌화 된 것들의 집합이다. 그러나 사실 기원전 4세기에 그리스는 마게도냐의 알렉산드로스에게 정복되고, 기원전 1세기에 로마에 정복되어 흡수되었다. 그러면 그리스 신화는 없어졌는가? 그렇지 않다. 그 위대한 정신사적 가치는 오히려 계승 발전되었다. 알렉산드로스 대왕(BC 4세기)의 어머니는 그를 제우스의 아들이라고 가르쳤다고 할 정도였고, 로마는 제국의 동쪽 지역의 공용어를 그리스어로 정하고 그들의 신화를 자신의 것으로 흡수했다. 특히 로마 1대 황제 아우구스투스는 신화들을 로마와 연결시키려고 노력했다. 그는 베르길리우스를 통해 로마 제국이 그리스 신화에 등장하는 영웅들의 후예임을 증명하려 했다. 오비디우스는 흑해로 유배되어 그리스 신화를 그리스로마신화로 통합하여 황제에게 헌정했다.

따라서 그리스로마 신화에는 조금씩 변형된 다양한 이야기가 혼재한다. 제우스를 중심으로 한 올림포스 12신의 구성도 전승에 따라 조금씩 다르다. 후대 작품에 신화 속 이름들이 인용될 때에도 그리스식, 로마식, 영어식 이름이 혼재된다. 미의 여신 아프로디테는 로마식으로 베누스고 영어식으로 비너스다. 최고의 신 제우스도 로마식으로 유피테르, 영어로는 주피터다. 이런 부분이 그리스로마 신화를 공부하는 데 있어서 장벽이 된다. 그러나 익숙해진다면 서양언어들의 단어를 공부하는 데에도 큰 유익이 있다.

토머스 불핀치의 《그리스로마 신화》와
오비디우스의 《변신이야기》 비교

사실 이 책의 70% 정도는 오비디우스의 서사시 《변신이야기》의 내용을 빌려온 것이다. 그래서 언뜻 보면 내용이 비슷한 두 책을 비교하여 정리하는 것이 좋을 것 같다.

	변신이야기	그리스로마신화(신화의 시대)
설명	오비디우스의 서사시	신화학자 불핀치가 정리한 신화 입문서
저술시기	1세기 초 로마 (아우구스투스 황제)	19세기 미국
목적	신화를 다룬 이전 서사시와 기록물들을 정리하여 그 내용을 토대로 로마제국을 칭송하기 위하여	일반인들에게 신화의 기본적인 내용을 소개하여 교양을 증진시키기 위해
내용	세상의 시작에서 사람의 기원, 수많은 신들의 이야기와 아테네를 비롯하여 여러 나라들의 영웅들의 이야기, 특히 트로이 전쟁 이후 트로이 유민들이 세운 나라가 로마제국 아우구스투스 황제에 이르기까지의 과정을 하나의 역사처럼 순서대로 기록.	이전 신화의 내용들을 발췌하여 중요한 내용들을 소개했다. 대표적인 것이 변신이야기, 일리아스, 오디세이아, 아이네이스에서 발췌한 그리스로마신화, 여기에 인도와 북유럽의 신화까지 소개했다.
특징	주로 신들이 모양을 바꾸는 것이나 인간이 저주나 축복을 받아 모습이 바뀌는 등의 변신을 테마로 250개 정도의 이야기를 연결했다. 그러나 이야기들 간에 연관성은 크게 없는 경우가 많다.	신화의 내용 뿐 아니라, 신화가 나오게 된 배경에 대한 설명과 신화를 서사시와 서정시 등으로 작품화한 작가들에 대한 소개를 통해 신화 전반의 이해를 돕고 있다.
서술방식	운문(서사시)	산문(이야기)

신화의 다양한 판본

신화는 오랫동안 다양한 문화 속에서 계승되어 한 인물이나 사건에 대해 두 세 개 정도의 상충되는 내용이 존재하기도 한다. 인간을 사랑한 신 프로메테우스와 최초의 여성 판도라에 관한 두 가지 판본이 소개된다. 오랜 역사의 산물로 다양한 문화권 속에서 다양한 구전과 해석을 거치다 보니 나오는 현상이다. 참고로 하나를 알아두면 좋을 것 같다. 이 내용 안에 인간을 위해 불을 훔친 프로메테우스 형제를 벌하기 위해 여성을 창조했다는 이야기는 신의 형상으로 남성과 여성을 창조했다는 성경과 참으로 상반된다.

프로메테우스는 인간이 창조되기 전에 지상에 거주하고 있던 거신족(巨神族)인 티탄 신족의 한 신이었다. 이 프로메테우스와 그의 동생인 에피메테우스는 인간을 만들거나 인간과 그 밖의 다른 동물들에게 그들이 살아가는 데 필요한 능력을 주거나 하는 일을 위임받고 있었다.

라파엘로가 1517~1518년에 그린 프레스코화 <신들의 회의>

에피메테우스가 이 일에 착수하였고, 프로메테우스는 이 일이 다 되면 그것을 감독하기로 하였다. 그래서 에피메테우스는 각각의 동물들에게 용기·힘·속도·지혜 등 여러 가지 선물을 주기 시작하였다. 어떤 자에게는 날개를 주고 어떤 자에게는 손톱이나 발톱을 주고 또 어떤 자에게는 몸을 덮는 패각을 주는 따위였다. 그러나 만물의 영장이 될 인간의 차례가 오자 에피메테우스는 이제까지 그의 자원을 몽땅 탕진하였으므로 인간에게는 줄 것이 남아 있지 않았다. 당황한 그는 형인 프로메테우스에게 달려가 도움을 청했다.

프로메테우스는 아테나의 도움을 받아 하늘로 올라가서 그의 횃불에다 태양의 이륜차에서 불을 옮겨 붙여, 그 불을 인간에게로 가지고 내려왔다. 이 선물 덕택으로 인간은 다른 동물보다 월등한 존재가 되었다. 왜냐하면 인간은 이 불을 사용하여 무기를 만들어 다른 동물을 정복할 수가 있었고, 도구를 사용하여 토지를 경작할 수 있었기 때문이다. 게다가 또 거처를 따뜻하게 하여 기후가 다소 추운 곳에서도 살 수 있었고, 나아가서는 여러 가지 예술을 창조했으며, 상거래의 수단이 되는 화폐를 만들 수 있었기 때문이다.

여자는 아직 만들어지지 않았다. 이상한 이야기지만, 제우스가 여자를 만들어서 프로메테우스와 그의 동생에게 보냈다는 것이다. 그것은 두 형제에 대해서는 하늘로부터 불을 훔친 외람된 짓을 벌하기 위해서요, 인간에 대해서는 그 선물을 받은 죄를 벌하기 위해서였다.

최초로 만들어진 여자는 판도라라고 불렸다. 그녀는 하늘에서 만들어졌는데, 그녀를 완성하기 위해 각 신이 모두 약간씩 기여하였다. 아프로디테는 미를 주었고 헤르메스는 설득력을, 아폴론은 음악 등을 주었다. 이렇게 해서 만들어진 판도라는 지상으로 옮겨져 에피메테우스에게 주어졌다. 그는 형인 프로메테우스로부터 제우스와 그의 선물을 경계하라는 주의를 받았음에도 불구하고 그녀를 기꺼이 아내로 맞아들였다. 에피메테우스는 그의 집에 한 개의 상자를 가지고 있었다. 그 속에는 해로운 물건들이 들어 있었는데, 그는 인간에게 새로운 삶의 터를 만들어줄 때 그것들이 필요치 않았기 때문에 상자 속에 넣어두고 있었다.

판도라는 이 상자 속에 무엇이 들어 있는지 알고 싶었다. 그래서 어느날 그녀는 상자 뚜껑을 열고 들여다보았다. 그러자 곧 불운하게도 인간을 괴롭히는 무수한 재액(災厄)이 그 속으로부터 빠져나와-이를테면 육체를 괴롭히는 것으로는 통풍(痛風)·류머티즘·복통 등이고, 정신을 괴롭히는 것으로는 질투·원한·복수 등-멀리 사방팔방으로 날아가 버렸다. 판도라는 놀라 재빨리 뚜껑을 덮으려고 하였으나, 상자 속에 들어 있던 것은 이미 다 날아가고 오직 하나만이 맨 밑에 남아 있었는데, 그것

은 '희망'이었다. 오늘에 이르기까지 우리가 어떤 재난에 처해도 희망을 잃지 않는 것은 바로 이 때문이다. 그리고 희망을 가지고 있는 한 어떠한 재난도 우리를 절망할 정도로 불행하게 하지는 못하는 것이다.

불행과 악의 상자를 여는 판도라

또 다른 이야기에 의하면 판도라는 제우스의 호의로 인간을 축복하기 위하여 보내졌다고 한다. 판도라는 그녀의 결혼을

축복하기 위하여 여러 신이 선사한 물건이 들어 있는 상자를 받았다. 그녀가 무심코 그 상자를 열었더니 선물이 다 날아나 버리고, 오직 희망만이 남았다는 것이다. 이 이야기가 앞서의 이야기보다 더 진실성이 있는 것 같다. 왜냐하면 '희망'이란 매우 값비싼 보석과 같은 것이므로, 그것이 앞서의 이야기처럼 모든 재난으로 가득 찬 상자 속에 들어 있었다는 것은 이해하기 힘든 일이기 때문이다.(2장)

성경을 연상시키는 이야기들

또한 신화의 내용 중에는 성경과 비교해서 읽을 만한 내용도 많다.

금-은-동-철의 나라가 이어질 것이라는 다니엘의 예언과 홍수의 심판 이후에 인류가 노아의 후손들에 의해 종족과 방언대로 퍼져 나가는 부분을 연상하게 만드는 부분이 있다. 고대 신화에는 대부분 홍수에 대한 이야기와 그에 대한 유사하지만 다른 해석들이 존재한다. 인류 역사의 초기에 거대한 홍수가 있었다는 것은 명백한 사실인 것으로 받아들여야 할 것 같다. 그에 대한 해석은 신화마다 다양한데, 성경만이 참된 진리를 전하고 있다.

이렇게 해서 세계에 주민이 살게 되었는데, 그 최초의 시대는 죄악이 없는 행복한 시대로서, '황금시대'라고 불렸다. 법률이라는 강제에 의하지 않고도 진리와 정의가 행해졌고, 위협을 가하거나 벌을 주는 관리도 없었다. 다음에는 '은의 시대'가 왔다. 이 시대는 '황금시대'만은 못했지만, 다음에 오는 '청동시대'보다는 나았다. 제우스는 봄을 단축하고 1년을 네 계절로 나누었다. 그때부터 인간은 추위와 더위를 참고 견뎌야 했고,

비로소 가옥이 필요하게 되었다. 다음에는 '청동시대'가 왔는데, 이 시대는 사람의 기질이 전시대보다 훨씬 거칠었고, 걸핏하면 무기를 들고 싸우려 했다. 그러나 아직도 극심하리만큼 사악하지는 않았다. 가장 무섭고 나쁜 시대는 '철의 시대'였다. 죄악은 홍수처럼 넘쳐흘렀고, 겸양과 진실과 명예도 헌신짝처럼 사라졌다. 그 대신 사기와 간지(奸智)와 폭력과 사악한 이욕(利慾)이 나타났다. 자식들은 재산을 상속받기 위하여 부친이 죽기를 바랐다. 가족의 사랑도 땅에 떨어졌다. 대지는 살육의 피로 물들었고 신들은 하나 하나 대지를 저버렸는데, 아스트라이아만이 남아 있다가 마침내 이 여신마저도 떠나버렸다.

제우스는 이런 상태를 보고 크게 노하여 회의를 열고자 신들을 소집하였다. 신들은 주신의 소집에 응하여 하늘의 궁전을 향해 떠났다. 청명한 밤에는 누구나 볼 수 있는 이 길이 공중을 횡단하고 있었는데, 이것을 은하라고 불렀다. 이 길가에는 유명한 신들의 궁전이 즐비하게 늘어서 있었고 공중의 일반 서민들은 길 양쪽에서 훨씬 떨어져서 살고 있었다. 제우스는 신들이 모이자 그들을 향하여 말하기 시작하였다. 그는 지상의 무서운 상태를 설명하고 나서, 자기는 그 주민들을 다 멸망케 하고 그들과는 다른, 더 살 가치가 있고 신을 더 숭배하는 새로운 종족들을 만들 작정이라는 선언을 하고서 회의는 끝을 맺었다. 그러고 나서 제우스는 번개를 손에 쥐고서는 그것을 던져 이 세계를 불태워버리려고 했다.

그러나 불이 일어나면 하늘도 화재를 면치 못하리라 생각한 제우스는 그의 계획을 바꾸어 세계를 물바다로 만들려고 하였다. 그는 비구름이 불어 흐트러지는 북풍을 사슬로 붙들어 매고 남풍을 보냈다. 그러자 순

34

식간에 하늘 전체가 암흑으로 뒤덮였다. 구름이 사방에서 몰려와 굉장한 소리를 내며 서로 부딪쳤다. 비는 폭포처럼 쏟아졌다. 곡식은 쓰러지고 한 해 동안의 농부들의 노력은 순식간에 수포로 돌아갔다. 제우스는 자기의 물만 가지고는 만족하지 않고 동생인 포세이돈을 불러 그의 물도 도와주기를 청했다. 포세이돈은 강을 범람케 하여 그 물로 대지를 덮었다. 동시에 그는 지진을 일으켜 대지를 뒤흔들었고 해일을 일으켜 해안을 휩쓸게 하였다. 가축과 인간, 그리고 가옥이 유실되고 신성한 담으로 둘러싸였던 지상의 신전들까지도 더럽혀졌다. 유실되지 않은 큰 건물들은 모조리 물속에 잠겼고, 그 높은 탑까지도 물속에 침몰되었다.

이제 모든 것은 바다가 되었다. 해변이 없는 바다가 되었다. 여기저기 돌출한 산정에는 간혹 사람이 남아 있었고 최근까지 쟁기질을 하던 소수의 사람들만 작은 배를 타고 노를 저었다. 물고기들은

오비디우스의 서사시 《변신 이야기》의 삽화인 버질 솔리스의 판화 <데우칼리온과 피라>

나뭇가지 사이에서 헤엄을 치고, 닻은 정원 안에 던져졌다. 온순한 양이 좀 전까지 놀고 있던 곳에는 사나운 물개가 뛰놀았다. 늑대는 양 사이에서 헤엄치고 누런 사자와 범은 물속에서 몸부림쳤다. 물속에서는 멧돼지의 힘도 사슴의 재빠름도 소용이 없었다. 새들은 날다가 지쳤지만 앉아 쉴 곳이 없기 때문에 물속으로 떨어졌다. 물난리를 면한 생물들도 마침내는 굶어 죽었다.

모든 산 중에서 오직 파르나소스 산만이 물 위에 솟아 있었다. 그리고

거기에는 프로메테우스의 일족인 데우칼리온과 그의 아내 피라가 피난와 있었다. 남편은 정직한 사람이었고 아내도 신들의 충실한 숭배자였다. 제우스는 이 부부 이외에 살아남아 있는 자가 한 사람도 없는 것을 보았다. 그리고 그들의 흠잡을 데 없는 생애와 경건한 태도를 돌이켜보고는 북풍에 명령하여 구름을 쫓고, 공중을 지상에, 지상을 공중에 나타나게 하였다. 포세이돈도 아들 트리톤에게 소라고동을 불어 물에게 퇴각을 명하게 하였다. 물은 복종하였고, 바다는 해안으로 돌아가고 내는 하상(河床)으로 돌아갔다.

그때 데우칼리온은 피라에게 이렇게 말했다. "오, 아내여! 생존하고 있는 유일한 여인이여! 우리는 처음에는 혈연과 결혼의 인연으로 맺어졌고, 지금은 공동의 재난에 의하여 맺어졌소. 우리가 조상 프로메테우스와 같은 힘을 가져, 그가 처음에 새로운 종족을 만든 것처럼 그것을 갱생시킬 수 있다면 얼마나 좋을까. 그러나 이 일은 우리의 힘에 겨운 일이므로 저기 있는 신전에 가서 신들에게 장차 우리는 무엇을 해야 좋을지 물어보기로 합시다." 그들은 신전으로 들어갔다. 그 신전은 더러운 이끼들로 더럽혀져 있었다. 두 사람이 제단에 접근해보니 거기에는 성화도 타고 있지 않았다. 그들은 땅에 엎드려서 테미스 여신에게, 어떻게 하면 멸망한 인류를 전과같이 만들 수 있는지 가르쳐주십사고 기도를 올렸다.

그러자 신탁이 이렇게 대답했다. "머리에 베일을 쓰고 옷을 벗고 이 신전을 떠나라. 그리고 너희 어머니의 뼈를 너희 뒤에 던져라." 그들은 이 말을 듣고 깜짝 놀랐다. 피라가 먼저 침묵을 깨고 말했다. "저희들은 복종할 수 없습니다. 저희들은 감히 부모의 유골을 더럽힐 수 없습니다." 그들은 나뭇잎이 우거진 그늘 밑으로 가서 신탁에 대하여 곰곰이 생각해 보았다. 마침내 데우칼리온이 입을 열었다. "내 생각이 틀리지 않는다면 신탁의 명령에 복종하여도 불효가 되지 않으리라고 믿어. 대지는 만물의 위대한 어머니고 돌은 그 뼈야. 그러므로 우리는 이것을 뒤에 던지기만 하면 돼. 내 생각으로는 이것이 신탁의 의도인 것 같아. 어쨌든 그렇게 해봐도 나쁠 것은 없어."

그들은 베일로 얼굴을 가리고 옷을 벗고 돌을 주위 뒤로 던졌다. 그러자 돌은 (이상한 얘기지만) 말랑말랑해져서 형태를 취하기 시작하였다. 돌들은 마치 조각가의 손에 반쯤 조각된 돌덩어리와 같이 점점 인간의 형태에 가까운 모양을 취하게 되었다. 돌의 주변에 있던 습기 찬 진흙이 살이 되고 돌 부분은 뼈가 되었다. 즉 돌의 결(veins)이 그대로 혈관(veins)이 되었다. 호칭은 변하지 않았으나, 그 용도가 변한 셈이다. 그리고 데우칼리온이 던진 돌은 남자가 되었고, 피라가 던진 돌은 여자가 되었다. 이렇게 해서 만들어진 종족은 튼튼해서 노동에서 알맞았다. 오늘날의 우리들이 그러한 것인즉, 이것을 보더라도 우리들이 어떤 조상으로부터 태어났는지를 미루어 알 수 있다. 프로메테우스와 에피메테우스는 이 아페토스의 자식이었는데, 밀턴은 이 아페토스를 야벳으로 바꿔서 노래했다.(2장)

대략적인 구성의 특징은 이렇다

이 책은 입문서다. 머리말에서 신화의 필요성을 강조한 이후, 제1장 서론에 그리스로마 신화 자체에 대한 설명을 해 주고, 잘 알려진 그리스 신들 이외에 로마의 고유한 신들에 대해서 정리한다. 이어 그리스로마 신화의 내용들을 정리하여 장별로 소개한다.

대부분이 신이나 영웅, 괴물들과 얽힌 신화 속 이야기들을 소개하는 내용이다. 아폴론, 헤라, 아르테미스, 레토 등 신들의 이야기. 파에톤, 미다스왕, 페르세포네, 피그말리온, 테베의 시조 카드모스, 에코와 나르시소스 등의 인물들의 이야기. 스킬라, 그라이아이, 메두사, 스핑크스 등 괴물들의 이야기. 아이손, 헤라클레스, 테세우스, 다이달로스 등 영웅적인 인물들의 이야기. 그리고 트로이전쟁과 오디세우스와 모험, 아이네이아스가 로마에 제2의 트로이를 세우는 이야기 등이 이어진다. 신화에 등장하는 대부분의 신들과 인물들과 괴물들, 그리고 영웅들의 이야기들이 간략하게 소개된다고 보면 된다. 특이한 점은 신화의 내용을 나름의 분류 방식으로 묶어 이해를 돕고 있는데, 16장 괴물들이나 22장 전원의 신들, 36장 근대의 괴물들이 그 예이다. 저자는 신화를 전해준 시인들에 대해서도 소개한다. 26장에서는 네 명의 고대시인들을 다루며, 35장 신화의 기원에서는 이 책의 대부분의 내용을 차지하는 세 명의 서사시 작가들인 호메로스, 베르길리우스, 오비디우스를 소개한다. 마지막으로 또한 그리스로마뿐 아니라 인도나 북유럽의 신화들까지 다양하게 다룬다. 37장은 인도의 신화이며, 38~41장은 북유럽의 신화다.

복음을 전한 바울이
진정한 영웅이다(영웅 헤라클레스 이야기)

헤라클레스는 제우스와 알크메네 사이에서 태어난 아들이다. 헤라는
인간과의 사이에서 태어난 남편의 자녀에 대하여 늘 적의를 품고 있
었으므로 헤라클레스가 태어나자 바로 선전포고를 했다. 그리고 두 마
리의 독사를 보내어 그가 아직 요람 속에 있는 동안에 죽여 버리려고
했다. 하지만 조숙한 어린애는 오히려 자신의 손으로 그 뱀의 목을 눌
러 죽였다.

그러나 그는 헤라의 간계에 걸려들어 에우리스테우스의 부하가 되었으
며, 그의 명령이면 무엇이든지 따르지 않을 수 없게 되었다. 에우리스테
우스는 그에게 달성할 가망도 없는 모험을 연달아 명령했다. '헤라클레
스의 열두 가지 노역'이라 부르는 것이 바로 그것들이었다.

첫 번째 노역은 네메아의 사자와의 싸움이었다. 네메아 계곡에는 한 마
리 무서운 사자가 출몰하고 있었다. 그래서 에우리스테우스는 헤라클레

스에게 이 괴물의 모피를 가져오라고 명령했다. 헤라클레스는 몽둥이와 활을 가지고 사자에게 대항했으나 아무 효과가 없음을 알자, 자기 손으로 이 괴물을 목 졸라 죽이고 죽은 사자를 어깨에 메고 돌아왔다. 그러자 그 광경을 보고 헤라클레스의 굉장한 힘에 놀란 에우리스테우스는 앞으로는 모험을 보고할 때에는 동구 밖에서 하도록 명령했다.(19장)

그리스로마 신화 최고의 영웅은 헤라클레스다. 제우스는 최고의 영웅을 이 세상에 탄생시켜 기간테스(거인족들)의 침공을 막아 세상을 구해야겠다는 필요를 따라 알크메네라는 훌륭한 여성을 어머니로 점찍었다. 그래서 헤라클레스가 태어나게 되었다. 그는 태어나자마자 헤라의 저주로 뱀에게 죽을 뻔 했지만, 뱀을 죽이고 승리한다. 뛰어난 능력을 가진 헤라클레스지만, 그는 폭력성을 가진 죄인의 숙명을 가지고 있다. 그는 자신을 욕한 선생님을 리라(악기의 일종)로 때려죽인다. 게다가 광기로 인해 가족을 죽이기까지 한다.

뱀으로 변신한 아켈로오스와 전투를 벌이는 헤라클레스(1824년, 프랑소와 조셉 보시오, 루브르박물관 소장)

헤라클레스는 자신의 악한 성품에 절망하여 목숨을 끊으려 하지만, 친구 테세우스의 도움으로 환골탈태한다. 그는 델포이의 신탁을 받아 에우리스테우스 왕에게 봉사하며 12가지 과제를 수행하며 영웅으로 재탄생한다. 그는 네메아 골짜기에 사는 사자를 죽이고, 머리 하나를 자르면 두 개가 나오는 괴물뱀 히드라를 죽이며, 아리만토스 산의 거대 멧돼지를 생포하고, 식인 암말을 생포하며 결박하는 등 12과제를 감당하며 인류가 당한 여러 고난에서 그들을 구한다. 그는 기간토마키아(거인족들과의 전쟁)에 참전하여 큰 공을 세우며 세상을 지켜낸다.

그는 죽은 후 하늘의 별자리가 되었다.

신화가 전하는 영웅은 단순히 큰 능력을 가진 사람이 아니다. 큰 고통 속에 살아가는 이웃의 문제를 해결하는 사람이다. 헤라클레스는 자신의 힘을 자랑했지만 자신의 폭력적인 죄성으로 이웃과 가족에게 고통을 주는 사람이었다. 그러나 그는 자신의 힘을 동료 인간들을 위해 쓸 수 있는 사람으로 새롭게 변화되어 영웅이 되었다.

자신을 죄인 중의 괴수라고 고백하는 사도바울, 그는 큰 학자였고 뛰어난 재능을 가진 로마시민-유대인이었다. 그러나 성경에 처음 등장하는 바울은 스데반을 죽인 안티복음의 선봉장이었다. 그는 그리스도인들을 죽이는 일에 앞장섰던 사람이었다. 그는 자신의 교사와 가족을 죽인 헤라클레스처럼 죄인의 숙명을 타고 났다. 하지만 하나님께서는 그를 이방인의 선교사로 부르셨다. 복음사역자로 부름 받은 후 바울은 많은 이들의 오해를 받으며 광야를 전전한다. 그는 하나님의 말씀을 깨닫는 시간들을 보낸 후 마침내 안디옥교회에서 선교사로 파송되어 로마제국 전역에 교회를 세우며 복음을 전하는 일에 매진한다.

그는 예수님의 제자가 아니면서도 초대교회에서 가장 위대한 선교사가 되었으며, 기독교 신앙의 체계를 세우는 놀라운 서신들을 쓰게 되었다. 로마제국에 살고 있던 수많은 소외된 영혼들, 쾌락과 헛된 욕망에 사로잡혔던 사람들, 차별 받고 버림받은 사람들을 구해냈다. 그는 영원토록 빛나는 위대한 인물이다. 그는 자신의 과거를 회개하며 목숨을 다해 복음을 전했고, 수많은 고난을 이겨내며 남들이 하지 못한 수많은 영적 과업을 감당했다. 그가 목숨을 걸고 로마 전역에 복음을 전한 결과, 교회가 세워지고 로마제국 전체는 복음의 능력으로 변화되어 기독교를 국교로 받아들였다. 그는 진정한 의미에서 로마를 정복했다. 그는 자신의 뛰어난 무공으로 인류를 위해 봉사한 영웅 헤라클레스를 넘어 진정한 의미에서의 영웅이다. 바울은 다니엘 말씀처럼 많은 사람을 옳은 데로 이끌어 하늘의 별과 같이 빛나고 있다.

> '지혜 있는 자는 궁창의 빛과 같이 빛날 것이요 많은 사람을 옳은 데로 돌아오게 한 자는 별과 같이 영원토록 빛나리라'(단 12:3)

아브라함-유다-예수님의 족보가 죄로 가득한 세상을 구원하는 하나님 나라의 족보다 (아이네이아스의 족보 이야기)

그 유명한 트로이 전쟁에서 패전한 트로이의 용사 아이네이아스는 미의 여신 아프로디테의 아들이었다. 그는 제2의 트로이를 건설하라는 위대한 신탁을 위해 모험을 떠난다. 그는 지중해를 항해하며 카르타고의 여왕 디도와 사랑에 빠지기도 하지만, 제우스가 보낸 전령 헤르메스에 의해 다시 자신의 사명을 깨닫고 여행을 계속한다. 이탈리아에 도착한 아이네이아스는 저승으로 가서 죽은 아버지 앙키세스를 만나 미래의 로마에 대한 비전을 받고, 더욱 사명감으로 충만해진다. 저승에서 돌아온 그는 라티움 지방에서 투르누스와 연합군과 싸워 승리하고 로마의 시조가 된다.

《아이네이스》의 저자 베르길리우스는 로마의 위대함을 드러내기 위해 고대의 영웅 이야기를 로마와 연결하여 로마 제국의 위대함을 찬양하고, 카이사르와 아우구스투스에 의해 세워진 로마가 주변 나라들을 정복하고 제국을 세우는 데 정당성을 부여한다. 로마 제국의 탄생은 신의 뜻이며, 로마는 고대의 위대한 나라 트로이 뿐만 아니라 그리스 모든 나라들까지 품은 나라이기에 주변 모든 나라들은 로마의 휘하에 들어와야 한다는 논리를 폈던 것이다. 베르길리우스는 아이네이아스라는 영웅의 이야기를 이후 역사와 연결하여 로마 제국까지 연결하는 이 작품을 통해 로마 제국의 정신을 만든 사람이며, 이탈리아의 정신적인 지주가 되었다. 《아이네이스》 속 영웅 아이네이아스에서 로물루스, 카이사르와 아우구스투스로 이어지는 이야기는 그야말로 위대한 족보의 향연이며, 위대한 인간들의 이야기다.

이에 반해 복음의 통로가 된 이스라엘의 시조 아브라함, 이삭, 야곱, 유다의 이야기는 초라하기 그지없다. 창세기 38장에 등장하는 유다의 아들 엘과 오난은 하나님이 세우실 나라의 시조라는 의식이 전혀 없다. 그들은 다말이라는 여인을 거부하고 악한 삶을 지속하다가 요절한다. 아버지 유다의 반응은 어떠했는가? 그는 막내아들을 살리기 위해 아예 며느리 다말을 내쫓는다. 후손이 하늘의 별과 같이 바다의 모래와 같이 많아질 것이라는 하나님의 약속(신탁)은 유다의 안중에 없다. 후에 유다는 친구와 함께 딤나라는 지역에 가서 창녀에게 유혹되어 잠자리를 갖는다. 사실 그 창녀는 유다의 대를 이으려고 작정한 며느리 다말이었다. 이렇게 막장 드라마의 결과 태어난 이가 예수님의 족보에 들어 있는 베레스와 세라다.

'유다는 다말에게서 베레스와 세라를 낳고 베레스는 헤스론을 낳고 헤스론을 람을 낳고'(마 1:3)

성경은 결코 이 사실을 숨기지 않는다. 복음서의 첫머리에 대문짝만하게 기록된다. 이러한 악한 인간들의 소망 없음을 드러내면서, 그들을 사용하셔서 계획을 이루어가시는 하나님을 드러낸다. 예수님의 족보는 결코 화려하지 않다. 악한 인간들의 부족함만이 드러날 뿐이다. 그러나 그 예수님이 로마 제국에 오셔서 하나님의 나라를 선포하셨고, 그의 제자들이 세운 교회가 결국 로마를 넘어 온 세상의 진정한 소망이 되었다.

고대의 전설적 영웅을 온갖 각색과 거짓말을 보태 로마 제국의 시작인 아우구스투스와 억지로 연결하는 《아이네이스》와 창세기를 꼭 비교해 보라. 창세기의 복음 이야기가 얼마나 진실하고 역사성이 분명한지 굳이 이곳에 일일이 나열하지 않아도 알게 될 것이다.

증오로 가득한 세상과 막힌 벽을 허무는 것은
십자가 은혜다 (피라모스와 티스베 이야기)

그리스로마 신화에는 사랑이야기가 많이 나온다. 그 사랑 이야기들 중에 피라모스와 티스베의 가슴 아픈 사랑이야기가 있다. 바벨로니아에 피라모스라는 청년과 티스베라는 처녀가 살았다. 이 두 남녀는 나란히 이웃집에 살며 깊은 사랑에 빠지게 되었다. 하지만 양가 부모님의 반대로 사랑을 이룰 수 없었다. 그들은 두 집 사이의 벽에 나 있는 작은 틈으로 사랑을 나눴다. 한 부분을 읽어보자.

> 세미라이스 여왕이 통치하는 바빌로니아 안에서 누구보다도 아름다운 청년은 피라모스였다. 그리고 누구보다도 아름다운 처녀는 티스베였다. 두 사람의 양친은 이웃하여 살고 있었기 때문에 두 젊은이는 자주 내왕했다. 그리하여 이들의 친구관계는 마침내 연애로 발전하였다. 두 남녀는 서로 결혼하고 싶어 했으나 부모들이 반대했다. 그러나 부모들도 금할 수 없었던 것이 두 남녀 서로의 가슴에 타오르는 사랑의 불꽃이었다. 두 사람은 몸짓이나 눈짓으로 서로 속삭였고, 남몰래 속삭이는 사랑인 만큼 그 불꽃은 더 강렬하게 타올랐다.

두 집 사이의 벽에는 틈이 나 있었다. 벽을 만들 때 실수로 인해 생긴 것이었다. 이제까지 아무도 그것을 발견하지 못했으나, 이 연인들은 그 틈을 발견했다. 사랑이 무엇을 발견하지 못하겠는가! 이 틈이 두 사람의 말의 통로가 되어주었다. 그리고 달콤한 사랑의 속삭임이 이 틈을 통해서 서로 오갔다. 피라모스는 벽 이쪽에, 그리고 티스베가 벽 저쪽에 섰을 때, 두 사람의 입김은 뒤섞였다. 그들은 말했다.

"무정한 벽이여, 왜 그대는 우리 두 사람을 떼어놓는가. 그러나 우리는 결코 그대의 은혜를 잊지 않으리. 우리가 이렇게 사랑의 속삭임을 주고받을 수 있는 것도 다 그대의 덕이니까." 이와 같은 말을 그들은 벽 양쪽에서 속삭였다. 그리고 밤이 되어 이별하지 않으면 안 될 때에는, 더 가까이 갈 수가 없었으므로, 남자는 남자 쪽 벽에다, 여자는 여자 쪽 벽에다 대고 입맞춤을 했다.(3장)

그들은 사이를 갈라놓는 무정한 벽에 한탄하며, 한 편으로는 작은 틈에 감사했다. 어느 날 아침 그들은 가족들이 모두 잠들었을 때 들판으로 나가 흰 뽕나무 밑에서 만나기로 했다. 티스베는 얼굴을 베일로 가리고 약속 장소에 먼저 가 있었다. 그 때 사자가 나타났다. 그녀는 얼른 바위틈에 몸을 숨겼다. 그런데 베일이 떨어지고 말았다. 사자는 그것을 피 묻은 입으로 찢어 버렸다. 늦게 도착한 피라모스는 약속 장소에서 사자의 발자국과 피투성이 베일을 발견하고, 자신 때문에 연인이 죽은 것으로 착각하고 자기 가슴을 찔렀다. 피는 나무뿌리에 미쳐 흰 뽕나무를 빨갛게 물들였다. 후에 티스베가 빨간 뽕나무와 죽어가는 연인을 발견하고 함께 죽고 말았다. 그들

1599년 그레고리오 파가니가 그린 <피라모스와 티스베>. <로미오와 줄리엣>의 모델이 되었다.

은 소원대로 한 무덤에 묻혔다.

피라모스와 티스베를 갈라놓은 벽은 하나님을 잃어버리고 서로 갈라진 인간의 운명을 상징한다. 죄의 결과로 갈라져 서로 증오하는 인류의 모습은 가정과 사회에 이미 가득 차 있다. 사랑이 막힌 벽을 허물었다. 셰익스피어의 《로미오와 줄리엣》은 이 이야기를 작품화 한 것이다. 로미오와 줄리엣의 가문은 서로 앙숙 가문이었고, 로미오와 줄리엣의 죽음 이후 양 가문은 화해를 하게 되었다.

인류의 벽을 허무는 진정한 사랑은 바로 예수 그리스도의 십자가다.

'그는 우리의 화평이신지라 둘로 하나를 만드사 원수 된 것 곧 중간에 막힌 담을 자기 육체로 허시고'(엡 2:14)

예수 그리스도를 믿고 회개하여 새로운 삶을 살아가는 그리스도인은 가정 안에서 막힌 담이 허물어짐을 체험한다. 미움으로 갈라졌던 관계들이 회복된다. 하나님은 사랑이시다. 예수 그리스도의 십자가의 은혜를 따라 서로 사랑하면 하나님의 사랑 가운데 모든 벽이 허물어지는 놀라운 능력이 나타난다.

세상의 인정에 목마른 그리스도인은
실패한다 (태양신의 아들 파에톤 이야기)

아폴론과 님프 클리메네의 아들 파에톤은 태양신의 아들답게 불타는 듯한 붉은 머리, 눈부시게 흰 피부, 태양의 열기를 피하지 않았던 아이였다. 그는 남다른 용모 때문에 주변 사람들에게 놀림을 받았다. 그는 어머니에게 아버지는 누구인지 묻는다. 어머니는 아버지가 태양신이라고 말해 준다. 그는 기분이 우쭐해졌다. 그는 자신이 태양신의 아들이라는 것을 여러 친구들에게 자랑했다. 그러나 그의 친구들은 그를 믿지 않았다. 그는 친구들의 인정을 받고 자랑하기 위해 아버지를 찾아 갔다. 한 부분을 읽어보도록 하자.

파에톤은 아폴론과 님프인 클리메네 사이에서 태어난 아들이다. 어느 날 한 친구가, 파에톤에게 네가 무슨 신의 아들이냐고 비웃었다. 파에톤은 화가 나고 자존심이 상한 나머지 집으로 돌아와 어머니에게 그 이야기를 하고 이렇게 말했다.

"만일 제가 정말 신의 아들이라면, 어머니, 그 증거를 보여주십시오. 그리고 저의 명예스러운 신분을 보장해주십시오."

클리메네는 하늘을 향해 손을 들고 말했다.

"내가 네게 한 말이라는 것에 대한 증인으로서, 우리들을 내려다보고 있는 태양신을 내세우겠다. 만약 내 말이 거짓이라면 당장 죽어도 한이 없다. 그리고 너 자신이 가서 물어보는 데 별로 큰 힘이 들지 않을게다. 태양이 떠오르는 나라는 우리나라와 인접해 있다. 가서 태양신에게 너를 자기의 아들로 인정하느냐고 물어보아라."

파에톤은 대답을 기다렸다. 그러자 아폴론은 머리에 쓰고 있던 빛나는 관을 벗어 옆에 놓고, 젊은이에게 좀 더 가까이 오라고 명령했다. 그리고 그를 끌어안으면서 말했다.

"너는 내 아들임에 틀림이 없다. 나는 너의 어머니가 너에게 말한 바를

18세기경 니콜라 베르탱이 그린 유화 <아폴론과 파에톤, 태양의 마차를 몰고 있는 파에톤>

확증한다. 너의 의심을 풀기 위하여 무엇이든지 네가 원하는 선물을 줄 테니 말해보아라. 나는 아직 본 일이 없다마는, 우리 신들이 가장 엄숙한 약속을 할 때 내세우는 저 무서운 강을 증인으로 부를 수도 있다."(5장)

그는 아버지 아폴론에게 가서 자신이 아들임을 입증해 달라고 했고, 아버지는 무슨 소원이든 들어주겠다고 스틱스강에 맹세했다. 파에톤은 아버지에게 태양마차를 몰게 해 달라고 요구했다. 아폴론은 소원을 바꾸라고 했지만, 파에톤은 자신이 태양신의 아들이라는 것을 자랑하기 위해 소원을 고수했다. 그는 태양마차를 몰면서 자신을 과시하기 위해 마차를 몰게 되었다. 태양마차를 모는 일은 너무나 위험한 일이었다. 그는 대지에 가깝게 가서 강과 샘들을 말려 사막이 되게 했고, 에티오피아 사람들은 검게 되었다. 결국 파에톤은 주위 사람들에게 자신을 입증하려다가 많은 사람들에게 막대한 피해를 주고, 자신도 제우스의 벼락에 맞아 죽고 말았다.

사탄은 예수님께 하나님의 아들임을 입증하라고 도전했다.

'이에 마귀가 예수를 거룩한 성으로 데려다가 성전 꼭대기에 세우고 이르되 네가 만일 하나님의 아들이어든 뛰어 내리라 기록되었으되 그가 너를 위하여 그의 사자들을 명하시리니 그들이 손으로 너를 받들어 발이 돌에 부딪치지 않게 하리로다 하였느니라'(마 4:5~6)

사탄의 목적은 무엇인가? 예수님의 일생을 인간으로서의 욕망과 인정 욕구를 채우기 위해 사용하도록 하는 것이다. 그리하여 하나님께서 보내신 사명을 감당하지 못하게 하고 하나님의 구원 계획에 도전하고, 그 계획이 이루어지지 못하도록 하려는 것이다.

그러나 예수님께서는 사탄의 시험을 이겨내시고, 메시아로서의 사명을 완수하셨다. 예수님은 하나님의 아들로 자신을 입증하고, 사람들의 인정을 받으려 하지 않으셨다. 그는 하나님의 아들이셨고, 메시아라는 확고한 정체성이 있었기에 군이 입증할 필요가 없었던 것이다. 그는 하나님의 아들이었기에 늘 하나님과 교제하며 묵묵히 사명을 감당하셨다. 그는 때로 사람들의 칭송을 받기도 했지만, 때로 이해하지 못하는 제자들에게 배신을 당하기도 하셨다. 그러나 그는 하나님과의 교제 안에서 분명한 정체성을 가지고 늘 승리하는 삶을 사셨고, 맡겨진 사명을 다 이루시고 우리의 영원한 믿음의 주가 되셨다.

사탄은 세상을 사는 그리스도인들에게 네가 하나님의 자녀임을 입증하라고 도전한다. 하나님의 자녀라면 세상의 기준으로 더 높은 자리에서, 많은 돈을 가지고 살아야 하지 않느냐고 말한다. 하지만 이것은 우리의 자기인정 욕구를 자극하려는 속셈이다. 이렇게 그리스도인들이 세상의 인정을 받고 자신을 세상의 방식으로 입증하려 하면 유혹에 빠질 수밖에 없다.

요한 미카엘 프란츠의 <파에톤의 추락>

히스기야는 죽을병에 걸렸으나 하나님의 은혜로 나음을 입게 되었다. 그러나 이후 그는 우쭐해졌고, 바벨론 사신들에게 자랑하고자 하는 마음에 보물창고와 무기고를 다 보여주고 만다. 결국 그는 모든 소유를 바벨론에게 빼앗길 것이라는 이사야의 예언을 듣게 된다. 그는 하나님의 은혜를 자랑하지 않고, 세상의 기준으로 자신을 입증하려고 했다. 얼마나 자신이 훌륭한 왕이며, 자신의 통치로 인해 나라가 얼마나 부강해졌는지를 자랑하려고 했다. 자신을 입증하려고 하면 실패한다. 사탄의 페이스에 말린다. 우리가 하나님의 자녀임을 굳게 확신하고 맡겨주신 사명을 감당하다보면, 하나님께서 예수님을 높이셨듯이 하나님의 때에 하나님의 방법으로 우리를 높이실 것이다.

파에톤을 기억하며 자기인정 욕구에서 벗어나 기도를 통해 흔들리지 않는 삶으로 자신을 훈련하자. 세상에 오신 주님께서 기도하신 것처럼.

'새벽 아직도 밝기 전에 예수께서 일어나 나가 한적한 곳으로 가사 거기서 기도하시더니'(막 1:35)

02장

그리스 신화를 로마로 확장한
오리지널 그리스 로마 신화

오비디우스 《변신이야기》

(번역본 : 천병희 역, 도서출판 숲)

서양 인문학의 배경이 되는
오리지널 그리스로마 신화 《변신이야기》

　토머스 불핀치의 《그리스로마신화》에 비해 오비디우스의 《변신이야
기》는 우리에게 익숙하지 않은 책이다. 하지만 민음사가 세계문학전집 시
리즈 1권으로 배치한 중요한 책이다. 즉, 서양 세계 문학을 읽으려면 가장
먼저 읽어야 하는 책이라고 민음사가 뽑은
것이다. 이 책은 1세기에 로마의 시인이 정
리한 그리스로마 신화다. 이후의 서양 고
전들에 나오는 신화이야기는 모두 직간접
적으로 오비디우스를 인용한 것이라고 할
수 있다. 라틴어 선생님이었던 불핀치도
이 작품을 번역 편집하여 자신의 책 대부
분의 내용을 채웠던 것이다.

　《변신이야기》는 서사시 작품으로 라틴
어로 쓰였으며, 당연히 모든 이름과 지명
이 로마식으로 되어 있다. 그리스식의 이

오비디우스의 《변신 이야기》 표지(루칸
토니오 준티가 1497년 베네치아에서 출
판한 원본)

름에 익숙해져 있는 우리에게 로마식으로 번역된 신들과 영웅들의 이름, 도시와 지명들은 생소할 수 있다. 로마 황제에게 돌리는 작품인 만큼 작품의 마지막에 이탈리아의 영웅 율리우스 카이사르와 1대 황제 아우구스투스에게 모든 영광을 돌리고 있다. 이 책은 로마의 언어 라틴어로 썼지만 오리지널 그리스로마 신화라고 할 수 있다. 이 작품은 1세기 작품이지만 인간 본성에 대한 고대 문명의 모든 통찰을 담아 집대성한 작품으로 정신사적 위치로는 역사의 시작점에 있다고 해도 과언이 아니다.

클리프턴 패디먼의 말처럼 우리는《변신이야기》와 이 작품을 참고한 서양의 수많은 고전들 속에서 우리 자신을 발견하고, 인생의 답을 찾는데 도움을 얻을 수 있다. '고전을 다시 읽게 되면 당신은 그 책 속에서 전보다 더 많은 내용을 발견하지는 않는다. 단지 전보다 더 많이 당신 자신을 발견한다.'

'변신(Metamorphoses)'을 주제로 이야기들을 연결한 오비디우스의 탁월함

작품을 시작하는 서시의 내용은 이렇다.

새로운 몸으로 변신한 형상들을 노래하라고 내 마음 나를 재촉하니,
신들이시여, 그런 변신들이 그대들에게서 비롯된 만큼
저의 이 계획에 영감을 불어넣어주시고, 우주의 태초로부터
우리 시대까지 이 노래 막힘없이 이어질 수 있도록 인도해주소서.(서시)

제목에 암시되듯이 오비디우스는 단순히 신화와 영웅담들을 나열하는

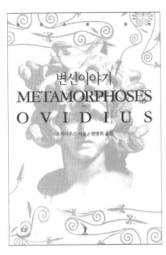

《변신이야기》(천병희 역, 2005년, 도서
출판 숲)

방식이 아니라, 모든 신화의 이야기들을
연결하는 탁월한 문학적 재능을 보이고 있
다. 그리고 상당수의 이야기들이 신들이나
인간이 변신하는 내용이라는 공통점을 가
지고 있다.

융피테르(제우스)가 남편으로 변해 알크
메네에게 접근하여 헤라클레스를 낳았다
는 유명한 이야기처럼 신들이 변하여 인
간에게 나타나는 이야기. 아폴론의 사랑을
거부하며 도망가던 다프네가 나무로 변하
고, 융피테르와 사랑을 나눈 이오가 헤라
의 눈을 피해 암소로 변하고, 융피테르와 메리쿠리우스(헤르메스)를 환대하
여 신의 축복을 받고 사후에 나란히 나무로 변한 바우키스와 필레몬, 디
아나(아르테미스)의 알몸을 본 죄로 사슴으로 변해 자신의 사냥개에게 죽은
악타이온의 이야기처럼 인간이 변하는 내용도 있다.

오비디우스는 탁월한 재능으로 신화를 정리하여 서로 연결하고, 그리
스 로마 신화를 로마 제국과 연결하여 후대의 모든 사람들은 그의 눈으로
신화를 이해하게 되었던 것이다.

영원히 빛나는 비운의 시인 오비디우스

호라티우스, 베르길리우스, 오비디우스는 모두 로마 아우구스투스 황
제 시대에 위대한 3대 작가라 꼽힌다. 그중 호라티우스와 베르길리우스는
황제 아우구스투스에게 총애를 받았다. 그러나 오비디우스만은 불운했

다. 그는 탁월한 지성과 필체로 유명세를 떨친 작가지만, 아우구스투스의 후원을 받다가 미움을 사서 흑해 연안으로 유배되어 그곳에서 생을 마감한 비운의 시인이다. 그러나 그는 유배 기간에 장편 서사시 《변신이야기》를 완성하고, 영원히 빛나는 위대한 시인으로 명성을 떨치고 있다. 작품의 마지막은 다음과 같다.

이제 내 작품은 완성되었다. 이 작품은 윱피테르의 노여움도,

불도, 칼도, 게걸스러운 노년의 이빨도 없앨 수 없을 것이다.

원한다면, 오직 내 이 육신에 대해서만 힘을 갖는

그날이 와서 내 덧없는 한평생에 종지부를 찍게 하라.

하지만 나는, 나의 더 나은 부분은 영속하는 존재로서

저 높은 별 위로 실려 갈 것이고, 내 이름은 소멸하지 않을 것이다.

로마의 힘에 정복된 나라가 펼쳐져 있는 곳에서는 어디서나

나는 백성들의 입으로 읽혀질 것이며, 시인의 예언에

진실 같은 것이 있다면, 내 명성은 영원히 살아남을 것이다.(맺는말)

작품의 마지막 한 줄 속에 자신이 모든 것을 쏟아 부은 이 작품에 대한 자부심이 드러나고 있다. 그러나 자신에게 비운의 삶을 준 신에 대한 원망이 담겨 있는 것도 사실이다. 그는 자신을 버린 아우구스투스에 대해서 어떠한 태도를 취했는가? 그는 위대한 영웅 카이사르의 아들이자 자신의 황제에게 끝까지 충정을 다하고 있다.

아우구스투스 통치 기간의 로마 시인 오비디우스

카이사르의 육신에는 혼을 낚아채더니 그것이 대기 속으로
녹아 없어지지 못하게 하며 하늘의 별들을 향해 날랐다.
하지만 혼이 빛을 발하며 불이 붙는 것을 느끼자
가슴에서 놓아버렸다. 그러자 혼은 달보다 더 높이
날더니 뒤에 긴 꼬리를 끌며 별이 되어 반짝였다.
지금 그분은 아드님의 탁월한 업적을 보고 자기 업적보다
더 위대하다고 시인하며 아드님이 자기를 능가하는 것을 기뻐하신다.
(15장 845~851행)

칼과 불 사이로 아이네아스를 무사히 인도해주셨던 신들이시여,
이 나라의 토착신들이시여, 우리 도시의 아버지 퀴리누스시여,
불패의 퀴리누스의 아버지 그라디부스시여,
카이사르가의 페나테스 신과 함께 경배 받는 베스타 여신이시여,
그리고 카이사르가의 베스타와 함께하는 그분의 가신(家神)인

옥타비아누스로도 알려진 최초의 로마
황제 아우구스투스

포이부스시여,
타르페이아의 성채들 위에
높다랗게 앉아 계시는 윱피테르시여,
그 밖에 그분들께 호소하는 것이
시인의 경건한 의무인 다른 신들이시여,
부디 아우구스투스의 머리가
자신이 지배하던 세상을 떠나
하늘에 오르시어 멀리서 우리의 기도를
들어주실 그날이 더디게,
우리 시대보다 더 나중에 오게 해주소서!
(15장 861~875행)

15장에 걸쳐 250개의 이야기가
서사시 형태로 이어지다

이 작품은 여러 이야기들을 서사시의 형태로 이어간다. 당연히 처음 부분은 우주와 인간의 탄생이다. 모든 내용은 순서가 약간 다르고, 내용이 빠진 부분이 있지만 기본적으로 토머스 불핀치가 정리한 내용과 크게 다르지 않다. 우주와 인간의 탄생 부분을 보면 비슷해 보이지만 불핀치의 내용과도 조금 다른 것을 알 수 있다. 오비디우스는 나름대로 신화의 내용을 각색하고 정리했다는 것을 알 수 있다. 이런 차이는 신화를 다룬 책들마다 조금씩 다르다.

바다도 대지도 만물을 덮는 하늘도 생겨나기 전 자연은
세상 어디서나 똑같은 모습을 하고 있었다. 그것을
카오스라고 하는데, 그것은 원래 그대로의 정돈되지 않은 무더기로,
생명 없는 무게이자 서로 어울리지 않는 사물의 수많은
씨앗이 서로 다투며 한곳에 쌓여 있는 것에 지나지 않았다.
그때는 어떤 티탄도 아직 세상에 빛을 주지 않았고,
어떤 포이베도 자라면서 그 뿔을 다시 채우지 않았다.
어떤 대지도 제 무게로 균형을 잡으며 주위를 둘러싼
대기에 떠 있지 않았으며, 어떤 암피트리테도
육지의 긴 가장자리를 따라 팔을 뻗지 않았다.
대지와 바다와 대기가 있었으나
대지 위에 서 있을 수 없었고, 바닷물에서 헤엄칠 수 없었으며,
대기에는 빛이 없었다. 그 어떤 것도 제 모양을 갖추지 못했다.
…

57

이들보다 더 신성하고, 더 높은 생각을 할 수 있으며,

다른 것을 지배할 수 있는 존재는 아직 없었다.

그래서 인간이 태어났다. 만물의 창조자이자 세계의 더 나은

근원인 신이 자신의 신적인 씨앗으로 인간을 만들었을 수도 있다.

아니면 갓 생긴 대지가 높은 곳에 있는 아이테르에서 최근에

떨어져 나와 아직은 친족인 하늘의 씨앗을 간직하고 있었는데

그 대지를 이아페투스의 아들이 빗물로 개어서는

만물을 다스리는 신들의 모습으로 인간을 빚었을 수도 있다.

(1장 5-83행)

그리스의 영웅 테세우스처럼 복음으로
인간과 세상의 문제를 해결하는 복음 사역자로 살아가자

고대 그리스의 유명한 영웅 중 빼놓을 수 없는 인물이 테세우스다. 테세우스는 페르세우스와 헤라클레스와 함께 전설적인 영웅이다. 그가 아테네의 왕이자 전설적인 영웅으로 꼽히는 이유는 그가 행한 일 때문이다.

아테네는 한 때 크레타 미노스 왕의 식민지였다. 아테네 사람들은 정기적으로 미노스 왕의 아들인 괴물 미노타우루스의 제물이 되었다. 아테네 사람들의 고통은 너무나 심각했다. 테세우스는 직접 조공으로 바쳐지는 일행이 되어 크레타 섬으로 끌려갔고, 미노타우루스와 싸워 그를 죽여 아테네 사람들을 고통으로부터 구원했다. 그가 미로에서 나올 때 크레타의 공주였던 아리아드네가 준 실타래를 풀고 들어가서 그 줄을 따라 나온 이야기는 아주 유명하다. 이 외에도 신화로 전해지는 테세우스의 영웅적인 이야기는 많이 있다.

그는 아테네의 왕 아이게우스와 트로이젠 왕의 딸 아이트라 사이에서 태어났다. 그는 어머니의 나라에서 양육되어, 성인이 되어서야 아버지와 대면할 수 있었다. 그의 아버지는 그가 아기였을 때 그를 어머니의 나라로 보내며, 칼과 구두를 큰 돌 밑에 넣어두었다. 그리고 아들이 돌을 움직이고 물건들을 꺼낼 정도로 성장하면 자기에게 돌아오게 하라고 명령했다. 테세우스는 잘 성장하여 아버지의 나라 아테네로 가게 되었다. 가는 길은 두 가지였는데, 육로와 해로였다. 해로는 가깝고 안전한 길이었지만, 육로는 멀리 돌아가는 길이었고, 여정 속에서 많은 악당들을 만날 수 있는 위험한 길이었다.

그는 백성들을 괴롭히는 괴물들과 악당들이 많은 육로로 가기로 결정한다. 육로에 있었던 나쁜 자들과 괴물들을 퇴치하여 백성들의 삶을 개선하고자 하는 마음 때문이었다. 테세우스는 쇠망치를 들고 다니며 여행자들을 폭행하는 페리페테스와 싸워 그를 죽이고 쇠망치를 빼앗았다. 여정 속에 만났던 폭군이나 약탈자들 중에는 프로크루스테스라는 자가 있었는데, 그는 여행자들을 결박하고 그들의 신장이 침대보다 짧으면 늘려서 죽이고, 침대보다 길면 잘라서 죽였다고 한다. 테세우스는 그 악당을 동일한 방법으로 처치한다. 악당들과 괴물들을 무찌르고 아테네에 도착한 테세우스에게 사람들은 찬가를 불러주었다.

가장 위대한 테세우스여, 크레테의 황소를 피 흘리며
죽게 한 그대를 마라톤은 찬탄합니다.
크로뮈온의 농부가 암퇘지를 두려워하지 않고 밭을 갈 수 있는
것도 그대의 선물이자 위업입니다. 에피다우루스 땅은
몽둥이를 들고 다니는 불카누스의 아들이 그대의 손에
쓰러지는 것을 보았습니다. 케피소스 강의 둑은 무자비한
프로크루스테스가 죽는 것을 보았고, 케레스의 도시
엘리우신은 케르퀴온(강제로 레슬링을 하자고 한 후 지면 죽임)의

죽음을 목격했습니다.

갖고 있던 큰 힘을 나쁜 용도로 쓰던

저 악명 높은 시니스(나무를 구부려 여행자들을 죽임)도

죽었습니다…

스키론(자신의 발을 씻게 하고 발로 차서 바닷물에 빠트림)이 제거된 지금

알카토에와 렐레게스족의 성벽으로 가는 길은

안전하게 열렸습니다.

…

우리가 그대의 업적과

그대의 나이를 계산하려 한다면, 업적이 나이를 압도할 것입니다.

가장 용감한 자여. 그대를 위하여 우리는 공적으로 감사 기도를

올릴 것이며, 그대를 위하여 건배할 것입니다.

궁전은 백성의 갈채와 축복하는 자들의 함성으로

메아리쳤고 온 도시 어디에도 슬픈 곳은

한 군데도 없었다.(7장 432-452행)

테세우스가 영웅으로 회자되는 것은 고통당하는 백성들의 문제를 회피하지 않고 해결해 주었기 때문이다. 마치 다윗이 골리앗을 제거한 것처럼 말이다. 우리가 살아가는 세상에는 수많은 문제들이 있다. 그리스 사람들은 그 문제들을 해결하는 사람을 간절히 기다렸으며, 지금 세상에 살고 있는 모든 사람들도 그럴 것이다. 우리 모두는 테세우스처럼 온갖 문제들을 해결할 영웅을 필요로 한다.

하지만 따지고 보면 이 세상에 진정한 영웅은 찾기 어렵다. 대부분의 사람들은 사울 왕처럼 위기가 찾아오면 신하를 내보내고 정작 자신은 왕권을 유지하기에만 급급하다. 세상에 도움이 되고자 하는 마음이 있다고

해도 능력이 부족한 경우가 많으며, 정작 영웅인 줄 알았는데 다른 꿍꿍이가 있는 경우도 많다.

이 땅에 보냄 받은 진정한 영웅은 하나님의 아들 예수 그리스도이며, 복음을 전하여 이생과 내세의 모든 문제로부터 구원을 받도록 영웅 예수님을 전하는 복음 사역자들이 영웅적인 일을 하고 있는 것이다. 복음 사역자는 능력이 없지만, 그들이 전하는 복음은 놀라운 능력이 있기 때문이다. 예수님은 이생의 모든 문제들, 질병과 실존적인 고통의 문제들을 해결하셨다.

'예수께서 온 갈릴리에 두루 다니사 그들의 회당에서 가르치시며 천국복음을 전파하시며 백성 중의 모든 병과 모든 약한 것을 고치시니 그의

애덤 윌라츠가 패널에 그린 유화 <갈릴리 바다에서 설교하는 예수>

> 소문이 온 수리아에 퍼진지라 사람들이 모든 앓는 자 곧 각종 병에 걸려서 고통당하는 자, 귀신 들린 자, 간질하는 자, 중풍병자들을 데려오니 그들을 고치시더라'(마 4:23-24)

예수께서는 우리를 위해 죽으셨고 부활하심으로서 죽음의 문제까지 우리의 모든 문제를 해결하셨다. 따라서 예수를 전하는 복음 사역만이 이 세상의 모든 문제에 진정한 해결책을 제시하는 영웅적인 사역이다. 인간이 영웅이 될 수는 없다. 인간은 죄로 타락해 있으며, 지혜도 부족하다. 하지만 인류의 모든 문제를 해결하시는 영웅이신 예수 그리스도를 전하는 사역을 통해, 그리스도인들은 테세우스처럼 영웅의 역할을 감당할 수 있다.

의심이 가져오는 비극,
사탄이 주는 질병에 굴복하지 마라

사냥을 좋아하는 청년 케팔루스는 아테네 공주인 프로크리스를 사랑하여 결혼했다. 그는 신혼을 보내던 중 사냥을 나가게 되었는데, 새벽의 여신 아우로라(그리스식으로 에오스)의 눈에 띄어 납치당하게 된다. 아우로라는 그를 유혹했다. 하지만 그는 아내를 사랑했기에 아우로라의 사랑을 받아들이지 않았다. 여신은 분노하여 '이 배은망덕한 이여 이제 그런 말일랑 작작하고, 그대는 프로크리스를 갖도록 하구려! 하지만 내 마음이 앞을 내다볼 수 있다면, 그대는 그녀를 가졌던 것을 후회하게 되리라'라고 그를 저주했다.(7장 711-714행)

여신의 손아귀에서 풀려난 그는 여신의 경고에 의심이 생겼다. 아내가 결혼의 서약을 잘 지키지 못하고 있는 것은 아닐까? 그래서 아내가 정말 자신을 사랑하는지 시험해 보게 된다. 그는 잘 생기고 부유한 남자로 변장하여 자기 아내를 유혹한다. 계속된 시험에 아내 프로크리스는 부유한 남자의 유혹에 넘어가게 된다. 자기 남편이 변장했었다는 사실을 알게 된 그녀는 부끄러움과 분노에 휩싸여 떠난다. 의심이 가정에 큰 위기를 몰고 온 것이다.

그녀는 바다 건너 크레타 섬으로 가서 디아나를 모시는 사제가 된다. 그러나 그녀는 남편의 진심어린 사과와 고백을 통해 남편을 진심으로 사랑하는 자신의 마음을 느끼고, 여신을 떠나려 한다. 여신은 그녀를 보내고 싶지 않았다. 어쩔 수 없이 그녀를 보내며 무엇이든 맞추는 창과 뛰어난 사냥개를 선물로 준다. 남편에게 돌아가는 프로크리스는 자신을 의심했던 남편을 시험해 보려는 생각을 갖게 된다. 그녀도 같은 방법으로 남편의 마음을 시험하고, 남편은 유혹에 넘어간다. 그들은 서로의 잘못을 인정하고 화해했다.

하지만 그들에게 신의 저주로 인한 의심은 끝나지 않았다. 케팔로스는 아르테미스가 아내에게 선물한 창과 사냥개를 가지고 사냥을 하러 다녔다. 그의 사냥은 실패가 없었다. 그는 오랜 시간 사냥을 즐기고, 지칠 때마다 '아우라(미풍)'에 대한 노래를 불렀다. 지나가던 동네 사람이 이 광경을 보고 케팔루스가 '아우라'라는 여인과 바람을 핀다고 생각하고 아내에게 귀띔한다. 이미 남편에 대한 의심이 가득했던 프로크리스는 남편의 뒤를 밟게 된다. 다음 날 남편이 '아우라'를 부르며 노래를 할 때, 아내는 불륜현장을 목격했다는 흥분에 바스락 소리를 낸다. 남편 케팔루스는 짐승으로 착각하고, 디아나가 선물한 백발백중의 창을 던져 아내는 죽고 만다. 남편은 의심과 오해가 가져온 비극을 깨닫게 되었지만, 결국 불행한 최후를 맞게 되었다.(7장)

여신 아우로라는 부부에게 의심이라는 불행의 씨앗을 뿌렸다. 그들은 의심을 잘 처리하지 못하고 영원한 비극을 맞이한다. 셰익스피어는 이 이야기와 유사한 《오델로》라는 작품을 쓰게 된다. 케팔로스와 프로크리스의 의심과 오델로의 의심의 다른 점이라면, 전자는 신의 저주로 인한 것이며, 후자는 열등감과 질투라는 죄 때문이라는 것이다.

성경은 인간의 모든 죄의 시작이 하나님을 의심한 것이라고 말한다. 사탄은 뱀을 통해 하와에게 하나님을 의심하도록 만든다. 하나님의 인류에 대한 진정한 사랑이 의심에 의해 깨지고, 인류는 고통스러운 삶을 살게 되었다. 하나님과 인간 사이의 의심은 인간과 인간 사이의 관계도 깨트린다. 아담과 하와의 관계가 깨어지고, 그들은 에덴에서 쫓겨나 가인과 아벨을 낳았는데 그들도 역시 형제살해의 시초가 되고 만다. 의심은 모든 관

1630년 니콜라 푸생이 그린 유화 <케팔루스와 에오스>

계를 깨트린다. 사울은 다윗이라는 위대한 장군을 부하로 두는 행운을 얻었다. 블레셋에게 고통을 당하던 사울은 다윗을 통해 큰 승리를 거둔다. 하지만 그는 다윗을 의심한다. 그 의심은 그의 정신적 질병이었다. 결국 사울은 충실한 신하를 잃고, 그를 의심하는 과정에서 아들과 딸들도 잃는다. 결국 그는 하나님께도 버림을 당한다.

의심은 사탄이 주는 거대한 질병이다. 민수기에 기록된 율법은 공동체에서 의심을 제거하는 것이 얼마나 중요한 공동체의 사역인지 말한다.

> '그 남편이 의심이 생겨 그 아내를 의심하였는데 그의 아내가 더럽혀졌거나 또는 그 남편이 의심이 생겨 그 아내를 의심하였으나 그 아내가 더럽혀지지 아니하였든지'(민 5:14)

의심의 병이 마음에 싹틀 때마다, 하나님께 나아가 기도하고, 의심하는 자신에게 문제가 없는지 돌아보고, 최선을 다해 모든 상황들을 객관적으로 바라보고 의심을 의심해보는 지혜가 필요하다. 그러면 사탄의 유혹으로부터 벗어나게 될 것이다.

필레몬과 바우키스의 환대,
지극히 작은 자를 섬기는 것

언젠가 유피테르(제우스)와 그의 아들 메르쿠리우스(헤르메스)가 인간의 모습으로 프리기아에 방문했다. 그들은 피곤한 나그네의 모습으로 이집 저집 다니며, 쉴 곳을 찾았으나 문을 열어주는 곳은 없었다. 마침내 한 보잘것 없는 오막살이집에서 그들을 맞아주었다. 그 집에는 남편 필레몬(성경의

66

빌레몬과 동명이인으로 성경의 빌레몬은 귀족이며 부자였으나, 변신이야기에 나오는 필레몬은 아주 가난했다)과 신실한 아내 바우키스가 살고 있었다.

한번은 읍피테르께서
그곳에 인간의 모습을 하고 나타나셨는데,
전령장(傳令杖)을 들고 다니는, 아틀라스의 외손자도 날개를
벗어놓고 동행했소. 일천 채의 집을 찾아가
그분들은 쉬어가게 해달라고 청했으나, 일천 채의 집에
빗장이 질리며 문이 닫혔소. 딱 한 집이 그분들을 맞았는데,
그것은 짚과 늪지의 갈대로 지붕을 인 조그마한 집이었소.
한데 경건한 노파 바우키스와 그녀와 같은 나이의 필레몬은
젊은 나이에 그 오두막에서 결혼하여 그 오두막에서 함께
늙어가고 있었소. 그들은 가난을 숨기지 않았고
평온한 마음으로 참고 견딤으로써 그것을 가볍게 만들었소.
그 집에서 주인을 찾거나 하인을 찾는 것은 소용없는 일이었소.
모두 두 식구뿐이어서. 그들은 동시에 복종하고 명령했던 것이오.
그래서 하늘에 사시는 분들께서 이 조그마한 집에 이르시어
고개를 숙이시고 야트막한 문설주 사이로 들어가셨을 때,
노인은 긴 의자 하나를 내놓으며 그분들더러 사지를 쉬시라 했소.
한편 부지런한 바우키스는 그 긴 의자에 거친 깔개를 깔고 나서,
화덕에서 따뜻한 재를 한쪽으로 옮겨놓고 어제의 불기에다
부채질하며 거기에다 나뭇잎과 마른 나무껍질을 얹었더니
노파의 입김으로 불어대어 불길을 살려냈소. 그리고 나서
바우키스는 지붕에서 잘게 쪼갠 장작개비와 바른 가지를 내려
잘게 부러뜨리더니 작은 청동 냄비 밑에 갖다 놓았소.

그러고는 물을 댄 정원에서 남편이 가지고 들어온
양배추의 겉잎을 따냈소. 필레몬은 두 갈래진 막대기로,
시커멓게 된 대들보에 걸려 있던 훈제 돼지 등심을
내리더니 오랫동안 간직해오던 등심을 조그맣게
한 조각 베어내어 끓는 물에 넣고 끓였소.(8장 625~650행)

그들은 가난했고, 손님을 맞이할 하인도 없었다. 손님맞이의 모든 수고
는 늙은 노부부의 몫이다. 두 나그네가 초라한 집에 들어가기 위해 머리
를 숙이고 문을 통과했을 때, 필레몬은 자리를 만들었다. 아내는 헝겊을
찾아다가 깔고 쉴 것을 권했다. 그리고 불을 피워 손님들의 식은 몸을 따
뜻하게 했다. 두 노인은 가진 음식 재료를 모두 동원해 음식을 마련하고,
후식도 내 왔으며, 그릇에 씻을 물도 준비했다. 무엇보다 그들에게는 상냥
한 얼굴에 활기차고 넘치는 선의가 보였다. 그들은 집을 지켜주는 거위까
지 잡아 손님들에게 대접하려고 했다.

이 모든 수고를 지켜보던 신들은 거위를 죽이지 말라고 하면서 다음과
같이 말했다. '우리는 신이다. 너희 불경한 이웃은 응분의 벌을 받을 것이
다. 하지만 너희는 이 재앙을 면할 것이다. 지금 당장 너희는 집을 떠나 우
리의 발자국을 따라 저기 저 높은 산 위로 함
께 오르도록 하라.'(8장 659-692행) 늙은 부부
가 신들의 말을 따라 언덕길을 올랐다. 그들
이 산꼭대기에 다다랐을 때, 그들의 집만 빼
놓고 마을이 물에 잠겨 있었다. 그들이 이웃
들의 운명을 탄식하고 있을 때, 그들의 집이
황금 지붕이 번쩍거리는 신전으로 변해 있었
다. 마루는 대리석으로, 땅바닥은 대리석 보

17세기경 야콥 반 오스트 1세가 그린 유화 <필
레몬과 바우키스 집의 제우스와 메르쿠스>

도로 덮였다. 유피테르는 그들에게 말했다. '의로운 노인이여 의로운 남편에 어울리는 아내여, 너희가 원하는 것을 말하라'(8장 704-705행) 그들은 자신들의 결정을 알렸다. '청컨대 우리는 그대들의 사제가 되어 그대들의 신전을 지키게 해 주소서. 그리고 두 사람이 인생을 화목하게 살아온 만큼 한날한시에 죽어 내가 아내의 무덤을 보지 않게 하시고, 또 아내의 손에 내가 묻히는 일이 없게 해 주소서'(8장 707-710행) 그들은 살아 있는 동안 신을 섬기는 신전지기였다가, 고령이 된 어느 날 서로에게서 잎이 돋아나는 것을 보았고, 그들은 작별 인사를 하고 쌍둥이 밑동에서 자라나 나란히 서 있는 두 그루의 나무가 되었다.

그리스 사람들은 환대를 중요하게 생각했다. 손님이 찾아오면 그를 무조건 먹이고 재운 후에 자초지종을 묻는 것이 그들의 문화였다고 한다. 그들은 신이 인간의 모습으로 찾아온다는 믿음을 가지고 있었던 것 같다. 어려운 사람들을 만났을 때 어떤 태도를 취하느냐는 우리의 본성을 보여주는 중요한 잣대다.

예수님께서는 선한 사마리아인의 비유를 통해 종교적인 외식에 빠져 있는 유대인들을 통렬하게 비판하셨다. 사마리아인이 레위인과 제사장보다 낫다는 것은 유대인들에게는 모욕적이며 충격적인 이야기였을 것이다. 그러나 이것이 예수님께서 주장하시는 핵심이다. 누가 진정한 이웃이며, 하나님과 이웃을 사랑하는 사람인가? 누가 하나님께 진정한 인정을 받으며, 하나님의 복을 누릴 사람인가? 바로 강도 만난 이웃을 돕는 자였다. 필레몬과 바우키스의 이야기는 선한 사마리아인의 비유와 닮아 있다.

예수님의 종말설교에서 예수님은 최종적으로 우리를 심판하시는 장면을 통해 '지극히 작은 자에게 한 것이 나에게 한 것'이라고 말씀하신다. 아주 유명한 말씀이다. 하나님을 사랑하는 자는 이웃을 사랑하며, 이웃을 사랑하지 않고 하나님을 사랑한다는 것은 거짓말이라고 요한사도가 기록했다.

'누구든지 하나님을 사랑하노라 하고 그 형제를 미워하면 이는 거짓말
하는 자니 보는 바 그 형제를 사랑하지 아니하는 자는 보지 못하는 바
하나님을 사랑할 수 없느니라 우리가 이 계명을 주께 받았나니 하나님
을 사랑하는 자는 또한 그 형제를 사랑할지니라'(요일 4:20-21)

그리스 신화에도 등장하는 이웃 사랑은 인류가 반드시 회복해야 할 하
나님나라의 기초인 것이다.

03장

영 웅 이 되 기 위 한
성 장 이 야 기

호메로스 《일리아스》

(번역본 : 이상훈 혁, 동서문화사)

서양 고전의 아버지 호메로스

단테의 《신곡》에서 지옥편의 가장 상층부 1옥은 예수님 이전에 태어나 세례를 받지 못했으나 다른 사람들에게 유익을 끼친 선한 인물들이 모여 있는 곳이다. 단테는 호메로스가 천국은 아니지만 고통이 없는 이곳에 살고 있다고 기록한다. 이처럼 서양의 모든 시인들은 자신에게 영감을 준 서양 고전의 아버지 호메로스에게 경의를 표한다. 장님으로 알려진 호메로스는 서양 사람들에게 그야말로 전설이다. 그와 관련된 'Even Homer nods'라는 속담이 있다. 호메로스도 졸 때가 있다? 서양 사람들에게 그는 사람이라기보다는 신과 같은 존재로 여겨지고 있음을 보여준다. 지금부터 2800년 쯤 전에 《일리아스》와 《오디세이아》라는 서사시를 썼다는 것 하나로 그는 거의 신의 반열에 오를 만하다. 그가 저자임을 의심하는 사람들이 있지만, 위대한 한 작가가 평생에 걸쳐 이 작품을 썼다고 하는 것이 훨씬 더

대영박물관에 있는 호메로스의 대리석 흉상.

타당한 추론이다. 지금의 예술작품들과 비교해도 손색이 없는 이 작품은 영원히 모든 예술가들이 돌아가야 할 고향이며 근원이다.

　실제로 서양 고전의 대부분이 직간접적으로 호메로스를 인용하고 있다. 영국의 문호 셰익스피어의 희곡《햄릿》에서 햄릿 왕자는 아버지를 죽인 클로디어스 왕에게 복수를 결의한다. 그는《일리아스》의 한 대목을 연기한다. 아킬레우스의 아들로 등장하는 네오프톨레모스(햄릿에서는 피러스)가 후에 아버지를 죽인 것에 대해 복수하는 대목이다. 그는 아버지의 원수 파리스에 대한 복수로 트로이 목마에서 나와 트로이 왕 프리아모스 왕을 죽인다. 이 대목은 베르길리우스의《아이네이스》에서 주인공 아이네이아스가 사랑하는 여인 디도에게 과거를 회고하는 대목이었다. 말하자면 호메로스를 베르길리우스가 인용하고, 그 대목을 셰익스피어가 인용한다. 이런 예는 수도 없이 많다. 독일의 문호 괴테의《젊은 베르테르의 슬픔》에서 주인공 베르테르는 호메로스를 즐겨 읽는다. '아침 일찌감치 일출과 함께 집을 나와 바르하임으로 가서 그 곳 주점의 채소밭에서 완두콩을 따고, 그러고는 앉아서 깍지의 심줄을 뽑으며 우리의 호메로스를 읽는다.'(6월 21일 편지), '그 곳 언덕에서 지는 해를 바라보며 나는 호메로스를 펴들고

오디세우스가 훌륭한 양치기들로부터 대접을 받는 그 황홀한 노래를 읽었다.'(3월 15일 편지) 괴테는 호메로스가 자신의 원초적 모델이라고 말했다. 두 말할 필요 없이 호메로스는 서양 모든 고전의 아버지인 것이다.

1572년 발간된 호메로스의《일리아스》표지(좌)
《일리아스/오디세이아》(이상훈 역, 2007년, 동서문화사)(우)

서양 고전의 시작은 영웅 아킬레우스의
화끈한 전쟁이야기《일리아스》다

이 작품은 모든 서양 정신과 사상의 원류가 되는 그리스 최고의 대서사시로서 총 24권 15,693행이다.《일리아스》라는 제목은 트로이의 별칭 '일리온'에 이야기라는 뜻의 접미어가 붙어 만들어진 이름으로 '트로이에 관한 이야기'라는 뜻이다. 일리아스를 10년 간의 트로이 전쟁 이야기라고 소개하는 경우가 많은데 전혀 잘못된 것이다.《일리아스》는 트로이 전쟁 10년 중에서 전쟁이 마무리되어 가는 10년 차에서 초반 50일 정도만을 다뤘다. 작품 대부분의 내용은 그 중 단 4일 간의 전쟁 이야기(24권 중 19권)다.

작품의 시작은 그리스군 총사령과 아가멤논와 아킬레우스가 전리품(여성)을 두고 싸우게 되어 아킬레우스가 분노한 끝에 전쟁에 나가지 않는다는 이야기다. 4일 전쟁 이후에는 아킬레우스의 친구 파트로클로스와 트로이의 헥토르 장군의 장례로 작품이 끝난다. 작가는 10년 중에 4일에 집중하여 아킬레우스라는 한 인물에 집중한다. 그의 분노가 그리스군을 위기로 몰아넣고, 친구의 죽음에 대한 분노를 품고 전쟁에 나가 승리하는 장면을 그리고 있다. 각 인물들의 심리묘사와 그로 인한 갈등의 묘사는 정말 압권이다.

이 작품을 통해 우리는 고대 서양인들의 정신적 배경인 신화적 세계관과 더불어 서양인, 나아가 인류의 본성과 그 본성을 통해 나타나는 수많은 갈등과 위기를 이해할 수 있다. 모든 면에서《일리아스》는 서양 인문학

1760년 조반니 도메니코가 그린 <트로이로 향하는 목마의 행렬>

의 시작점에 우뚝 서 있다.

호메로스는 내용과 수려한 표현들뿐만 아니라 숨 막히는 구성에 있어서도 현대작가들을 넘어설 정도로 대단한 실력을 뽐냈다. 그는 갈등이 고조에 달해 있는 시점에 작품을 시작하여 하나의 사건에 집중하게 하면서도, 10년 간의 트로이전쟁이라는 전체 배경에 대해 중간 중간에 힌트를 주는 문학적 기법은 정말 놀랍다. 우리가 시간과 공간의 벽을 넘을 수 있다면 호메로스의 화끈한 전쟁이야기《일리아스》를 통해 인생의 본질적인 문제에 대한 지혜를 얻을 수 있다. 나아가 작품의 기법 자체를 통해서도 많은 영감을 얻을 수 있을 것이다.

《일리아스》의 배경이야기

《일리아스》는 트로이 전쟁을 다룬 서사시들의 묶음 속에 속해 있다. 모든 서사시들을 종합하면 세 여신의 다툼, 참전 용사를 모으는 과정에서 아킬레우스(일리아스의 주인공)와 오디세우스(오디세이아의 주인공)의 병역 거부(?), 10년 간의 트로이전쟁, 전쟁 후 모든 그리스 영웅들의 귀향 이야기, 마지막까지 고향에 가지 못한 오디세우스가 귀환하여 죽음에 이르기까지의 10년의 모험이야기이다. 이에 거대한 총 20년의 트로이전쟁과 관련한 이야기가 완성된다.《일리아스》의 내용에 들어가기에 앞서 배경이야기를 간단히 정리해 보자.

펠레우스와 테티스의 결혼
바다의 신이자 정말 아름다웠던 여신 테티스에게는 신탁이 주어졌다. 그녀가 신과 결혼해서 아이를 낳으면 그는 그 신보다 더 강한 신이 된다는 것이었다. 제우스는 아름다운 테티스가 탐이 났지만 그녀를 취할 수 없었고, 그녀는 인간과 결혼하게 되었는데 그가 바로 펠레우스다. 테티스와 펠레우스 사이에서 태어난 아들이 바로 영웅 아킬레우스다. 이 결혼식에 모든 신들이 초청되었으나 불화의 여신 에리스는 예외였다. 자신이 초대받지 못했다는 사실을 알게 된 에리스는 분노에 차서 하나의 계략을 꾸민다. 결혼식 연회장에 '가장 아름다운 여신에게'라고 쓴 황금 사과를 몰래 던져놓은 것이다.

파리스의 판결

사과를 두고 여신들 사이에 분쟁이 일어났다. 제우스의 아내이자 가정의 여신 헤라, 전쟁의 여신 아테네(아테나), 미의 여신인 아프로디테였다. 그 셋은 최고의 신 제우스에게 찾아가서 서로 자신이 황금사과의 주인이라고 주장하기 시작했다. 딸 아테네, 아내 헤라, 미의 여신 아프로디테 누구의 편도 들 수 없었던 제우스는 한 양치기에게 판결을 미룬다.

그 양치기는 '나라를 망하게 할 사람'이라는 저주의 신탁을 받고 태어난 트로이 왕자 파리스였다. 세 여신은 파리스에게 서로 자신을 황금 사과의 주인공으로 뽑아달라며 달콤한 약속을 한다. 헤라는 최고의 권력을, 전쟁의 신 아테네는 모든 전쟁에서의 승리를, 아프로디테는 세상에서 가장 아름다운 여인을 차지하게 해 주겠다고 약속한다. 파리스는 아프로디테를 선택했고, 아프로디테는 파리스에게 세상에서 가장 아름다운 여인을 주게 되는데, 그 여인이 바로 그리스 연합군 중 하나가 되는 스파르타 왕 메넬라오스의 아내 헬레네였다.

헬레네의 납치 : 전쟁의 원인

헬레네는 제우스와 인간 레다 사이에서 낳은 딸로 세상에서 가장 아름다운 여인이었다. 헬레네는 파리스가 스파르타를 방문하는 동안 그와 사랑에 빠지고, 둘은 트로이로 도망가게 된다. 메넬라오스는 자신의 형 미케네 왕 아가멤논을 찾아가고, 아가멤논은 모든 주변 동맹국들을 동원하여 트로이 원정을 떠나게 된다. 아킬레우스를 비롯한 그리스의 영웅들은 트로이전쟁을 치르게 된다. 《일리아스》에서 트로이의 영웅 헥토르가 죽고, 트로이는 큰 위기에 빠진다. 《일리아스》가 끝난 후 다른 작품들 속에서 주위 많은 동맹국들이 트로이를 돕지만 아킬레우스를 당해내지 못한다. 아킬레우스는 자신의 유일한 약점인 아킬레스건에 파리스의 독화살을 맞고 죽는다. 그러나 또 다른 영웅 오디세우스가 제안한 그 유명한 트로이 목마의 전략으로 그리스가 트로이에 승리를 거두고, 10년 간의 전쟁은 끝이 난다. 영웅들은 본국으로 귀환한다.

그리스도 안에서
성숙한 영적 전사로 성장해야 한다

이 작품은 주인공 아킬레우스의 분노로 시작한다. 트로이전쟁이 길어짐에 따라 그리스군은 주변 나라와 전쟁을 하고, 관습에 따라 전쟁의 공로에 비례하여 약탈한 물건과 사람을 나눴다. 그러나 문제가 생겨서 아킬레우스가 차지했던 여인 브리세이스를 총사령관 아가멤논에게 빼앗기고 말았다. 자신의 공로를 인정해 주지 않고 자신의 욕심만을 챙기는 총사령관에게 철저히 실망하고 분노한 그는 전쟁에 나가지 않기로 선언한다.

전쟁은 계속되고 수많은 동료들이 죽음의 위기에 처하고 있는 상황에

아킬레우스(1731년)

서도 분노와 서운한 감정에 가득 찬 그는 꿈쩍도 하지 않는다. 총사령관 아가멤논은 자신의 잘못을 인정하고, 오디세우스 등 그리스군 수뇌부를 보내 막대한 보상을 약속하고 그를 설득하지만 동료들의 제안을 단칼에 거절한다. 그는 계속해서 전쟁에 패배하는 그리스 군을 방관한다. 그는 동료들의 희생과 나라의 승리에는 관심이 없다. 오로지

자신의 명예를 실추시킨 아가멤논에 대한 복수심에 사로잡혀 있다. 그의 감정이 충분히 공감되긴 하지만, 사사로운 일로 자신의 사명을 져버리는 추한 그의 모습은 전쟁을 이끄는 장수와 거리가 멀다.

그러던 중 그가 아끼는 친구 파트로클로스가 아킬레우스를 대신하여 전쟁터에 나갔다가 트로이 장수 헥토르에게 죽임을 당한다. 이 사건을 계기로 자신을 뉘우치고 한 단계 성장한다. 그는 전쟁에 나가면 목숨을 잃게 될 것이라는 주변의 경고를 듣는다. 그에게는 전쟁에서 승리하지만, 동시에 목숨을 잃게 될 것이라는 신탁이 내려져 있었던 것이다.

이에 대해 테티스가 눈물을 흘리며 말하기를

"정말 네 목숨도 곧 없어질 게다. 네 말과 같이. 왜냐하면 헥토르 다음에는 곧 너의 최후가 기다리게 되어 있으니 말이다."

그러자 매우 불쾌한 표정을 보이며 걸음이 빠른 아킬레우스가 말하기를,

"지금이라도 죽어 버리고 싶습니다. 친한 벗이 살해되는 순간에도 막아 주지 못하였으니까요. 그 때문에 그 친구는 조국에서 멀리 떨어진 곳에서 죽었습니다. 제가 파멸의 방어자가 되어 주지 못한 탓으로. 새삼스럽지만, 이제 다시 그리운 고향 땅에 돌아가지 못하는 이상은, 또 파트로클로스나 그 밖의 전우들을 구해 주지 못하고, 무척이나 많은 우리편 무사들이 용감한 헥토르 때문에 쓰러져 갔는데도. 그런데도 수수방관 배 곁에서 보람 없는 논밭의 무거운 짐인 양 앉아 있는 몸이었으니. …

그러나 이제 과거에 일어난 일들은 그것이 아무리 쓰라린 것이라도 역시 더 개의치 말고 내버려 두기로 하였습니다. 안타까운 마음도 가슴속에다 부득이한 일이거니 하여 억지로 눌러 놓고 말입니다. 그리고 이제는 저도 나아가렵니다. 사랑하는 벗을 죽인 사나이, 헥토르를 만나기 위해서. 죽음의 운명을 저는 언제라도 그때 가서 받겠습니다. 이윽고 제

우스나 불사의 다른 신들이 원하고 바라시는 바로 그때에. 그 준걸스러운 헤라클레스조차 죽음의 운명만은 피할 수가 없었습니다.'(18권)

그러나 그는 친구를 위해 동료들을 위해 전쟁에 나갈 것을 결단하고, 전장의 최전방으로 나아간다. 비록 파리스의 화살에 맞아 죽지만 헥토르와 싸워 이김으로 기나긴 트로이전쟁을 승리로 이끄는 데 가장 중요한 역할을 감당한 진정한 전사로 이름을 남기게 되었다.

그리스도인은 하나님 나라를 위해 부름 받은 영적 전사다. 구약 시대에 하나님의 택함을 받은 이스라엘은 하나님의 군대로 지칭된다.

'그 날에 여호와의 군대가 다 애굽 땅에서 나왔은즉'(출 12:41)

이스라엘을 계승한 신약의 그리스도인들은 하나님의 군사로 부르심을 받은 특별한 존재다. 사탄의 유혹에 승리하고, 거룩한 사명을 위해 최선을 다하는 영적 전사로 부름 받았다. 그러나 진정한 영적 전사로 하나님께 영광을 돌리고, 많은 이들의 축복의 통로가 되는 삶은 쉽지 않다. 자기 생활에 얽매이는 자는 주님을 기쁘시게 하고 사람들에게 영적 감동을 주는 삶을 살아갈 수 없다.

'병사로 복무하는 자는 자기 생활에 얽매이는 자가 하나도 없나니 이는 병사로 모집한 자를 기쁘게 하려 함이라'(딤후 2:4)

그리스도인이 하나님께 인정받고 사람들에게 선한 영향력을 미치려면 사사로운 감정, 분노와 복수심, 상처를 극복해야 한다. 아킬레우스가 그랬던 것처럼 우리 그리스도인들에게도 참으로 미성숙한 면이 많다. 그 미성숙은 우리의 삶을 불행하게 하며, 공동체를 해하며, 온 세상을 향한 하나님의 선교를 막는 요소가 된다. 우리 개인이 공동체를 이루어 비전으로 하나가 되고 영적 전쟁을 수행하며 이 세상을 회복시키려는 하나님의 사역에 나아가지 못하는 이유는 성숙을 향해 성장하지 못하기 때문이다. 우리는 다른 사람을 탓하고, 사사로운 감정을 정당화하기 전에 우리 자신이 그리스도의 장성한 분량에 이르도록 성숙을 위해 힘써야 한다. 그것이 우선이다.

> '그가 어떤 사람은 사도로, 어떤 사람은 선지자로, 어떤 사람은 복음 전하는 자로, 어떤 사람은 목사와 교사로 삼으셨으니 이는 성도를 온전하게 하여 봉사의 일을 하게 하며 그리스도의 몸을 세우려 하심이라 우리가 다 하나님의 아들을 믿는 것과 아는 일에 하나가 되어 온전한 사람을 이루어 그리스도의 장성한 분량이 충만한 데까지 이르리니'(엡 4:11-13)

삼손은 《일리아스》의 주인공 아킬레우스처럼 뛰어난 전사였지만, 자신의 욕망에 눈이 어두워져 하나님의 사명을 감당하지 못하고 많은 세월을 보냈다. 블레셋의 침략에 고통당하는 이스라엘을 구원해야 하는 사명보다는 자신의 사사로운 감정에 사로잡히는 미성숙한 모습을 보였다(사사기 16장).

바울, 바나바와 함께 소위 1차 선교여행에 함께 했던 마가 요한도 미성숙한 모습으로 선교여행에서 이탈했다. 후에 자신에게 불명예가 되었음은 물론이고, 바울과 바나바가 다투고 갈라서는 요인을 제공하고 말았다.

> '바나바는 마가라 하는 요한도 데리고 가고자 하나 바울은 밤빌리아에서 자기들을 떠나 함께 일하러 가지 아니한 자를 데리고 가는 것이 옳지

않다 하여 서로 심히 다투어 피차 갈라서니'(행 15:37-39)

그리스도인의 미성숙은 주로 어떻게 나타나는가? 그것은 하나님 나라와 공동체라는 큰 대의를 바라보지 못하고, 자신의 명예와 사사로운 감정과 자신의 이익에 집착하는 데서 나타난다. 마치 아킬레우스가 자신의 약탈물을 빼앗긴 것에 집착하여 참전을 거부하여 친구를 죽음에 이르게 하고 그리스군에 셀 수 없는 피해를 준 것과 같다. 고린도 교회에는 하나님의 은사가 풍성히 주어졌다. 그러나 그들은 시기와 분쟁으로 분열했다. 자신들의 은사를 자랑하고, 서로 분열하여 파당을 만들어 공동체를 분열시켰다. 충분히 부어진 좋은 은사에도 불구하고, 고린도교회는 바울에게 책망만 받는 교회의 모습을 보였다. 얼마나 불행한가?

'너희는 아직도 육신에 속한 자로다 너희 가운데 시기와 분쟁이 있으니
어찌 육신에 속하여 사람을 따라 행함이 아니리요'(고전 3:3)

영적 전사로 부름 받아 살아가는 우리 그리스도인들 모두가 성숙하길 소망한다. 그리하여 우리의 인생이 주 앞에 인정받고, 공동체도 풍요롭게 하며, 주님의 사명을 이 땅에 이루어내는 사명자가 되길 소망한다.

주님 나라를 위해 결단하고 흔들리지 않는 사람은 진정한 울림을 준다

《일리아스》에는 아킬레우스의 그리스군과 맞서 트로이를 위해 싸우는 많은 전사들이 등장한다. 그들 중 최고의 용맹함을 보이며 전쟁을 이끄는

전사는 헥토르였다. 그는 용맹한 그리스 장수들에 대항하여 공동체를 지킬 수 있는 것은 자신 밖에 없음을 느낀다. 그는 자신의 목숨을 잃게 될지도 모른다는 공포심을 느끼기도 하지만, 나라를 위해 결단하고 전장으로 나간다. 그의 가족들은 전쟁의 초반부터 아킬레우스와의 최후 전투까지 계속해서 그를 만류한다. 그러나 아킬레우스 앞에서도 그의 굳은 결단은 흔들리지 않는다.

"아닙니다 어머님, 마음을 달콤하게 녹여놓는 포도주 따위는 가져오지 마십시오. 그것으로 팔다리의 맥이 빠져서 용기를 잃으면 큰일입니다. 그리고 씻어서 깨끗하게 하지 않은 손으로 제우스 신에게 빛나는 술을 따라 제사를 모신다는 것도 삼가야 합니다. 또 무슨 일이 있더라도 먹구름을 모으시는 크로노스의 아드님에게, 피와 먼지를 덮어서 더러워진 내가 기도드린다는 것도 좋지 않은 일입니다. 그보다는 어머니께서 전리품을 갖다 주시는 아테네의 신전에 제물을 들고 가, 나이 든 여자들을 불러 모아서 참배를 하십시오."(6권)

"헥토르여, 그대가 내 아들이라면 이 가슴을 보더라도 측은하게 여겨 다오, 이 어미를, 만일 언젠가 너의 울음을 멎게 해 주던 이 젖을 그대에게 물린 나라면. 그것을 생각하고 사랑하는 아들아, 적의 무사를 막더라도 성벽 안에 와서 해 다오. 거기서 앞장서서 그자와 적대하는 것만은 그만 두어 다오. 너무나 무법스런 인간이니까. 만일 그 인간이 그대를 죽이기라도 한다면 나는 이제 귀여운 내 아들인 그대를 관에 뉘어 놓고 한탄하지도 못하잖느냐, 그대를 낳은 어미인데도. 그리고 많은 며느리들도. 오히려 그대를 우리와 멀리 떨어진 아르고스 사람들의 배 곁에서 날쌘 개들이 뜯어먹지 않겠느냐."

이와 같이 두 사람은 함께 소리를 내어 울부짖으면서 사랑하는 자식에게 갖가지로 호소하고 애원했으나 아무리 해도 헥토르의 마음을 설복시킬 수는 없었다. 오히려 그대로 더욱 처참한 기세로써 아킬레우스가 가까이 다가오기를 기다리고 서 있었다. 그 모습은 마치 산중에 사는 큰 뱀이 동굴 입구에서 사람이 다가오기를 기다리는 것과 같았다. 모진 독을 뱃속에 품고 심한 분노에 사로잡혀 구멍가에서 타래타래 몸을 서리고 앉아 흉포한 눈초리로 지그시 사람을 노려본다. 그와 같이 헥토르는 여전히 불굴의 용기를 가지고 물러설 기미는 추호도 없이 성벽의 튀어나온 망루 밑에 기대어 번쩍이는 방패를 세워 놓았는데, 문득 얼굴이 흐려지며 스스로 기상도 넓은 자기 마음을 향해서 중얼거리기를,

"… 어쩌면 나보다 훨씬 겁 많은 자들까지 이렇게 말하며 욕할지도 모른다, '헥토르는 자기 힘을 너무 믿은 나머지 병사들을 죽이고 말았다'고. 이렇게 모두 말하겠지. 그런 말을 듣느니 차라리 아킬레우스와 1 대 1로 싸우는 편이 훨씬 낫다. 그를 용케 죽이고 돌아갈는지, 아니면 조국을 지키다가 명예를 끝내 보전하여 그의 손에 죽게 될지 알 수 없지만. … 이제 와서는 어쨌거나 떡갈나무나 바위 따위서부터(인간의 근원에서부터 지루하게 늘어놓는다는 뜻) 너절하게 저 녀석과 이야기를 한다는 것은 불가능한 일이다. 처녀와 총각이 서로 다정하게 이야기하는 것처럼은. 그보다 한시바삐 서로 달려들어 싸우는 편이 훨씬 낫다. 어느 쪽에 올림포스에 계시는 제우스가 영광을 내려 주실는지 우리도 똑똑히 알 수 있도록."(22권)

자신의 조국을 위해 가족과 공동체를 위해 자신의 목숨을 바치는 헥토르의 모습은 진정한 감동을 준다. 비겁하게 생명을 보전하려는 어떤 사람들보다 헥토르는 살아남은 자들에게 감동을 주고 깊은 울림을 주지 않

는가? 트로이는 결국 멸망하고 말았지만 헥토르의 정신은 살아서 트로이 전사들이 끝까지 싸우게 했고, 아이네이아스를 따른 트로이 유민들이 결국 로마를 세우는 데 정신적 지주의 역할을 한 것은 아닐까?

　믿음으로 모세는 백성들과 함께 고난 받기를 택했다. 그리고 가족과의 안락한 삶을 뒤로 하고 사명의 길로 나아간다. 삶과 죽음의 결과를 떠나 공동체를 위해 주님 나라를 위해 자신을 불사르는 모세의 결단은 하나님 나라를 이 땅에 도래하게 하는 놀라운 능력이 되었다. 주를 위하여 온갖 박해와 가난과 수고를 감당하기로 결단했던 바울은 빌립보 교회에 보내는 편지에서 그리스도의 마음을 품으라고 말한다.

> '너희 안에 이 마음을 품으라 곧 그리스도 예수의 마음이니 그는 근본 하나님의 본체시나 하나님과 동등됨을 취할 것으로 여기지 아니하시고 오히려 자기를 비워 종의 형체를 가지사 사람들과 같이 되셨고 사람의 모양으로 나타나사 자기를 낮추시고 죽기까지 복종하셨으니 곧 십자가에 죽으심이라'(빌 2:5-8)

　이 세상을 위해 십자가에 죽기까지 순종하기로 결단한 그리스도의 마음은 디모데와 에바브로디도에게서 꽃을 피우고, 로마 제국 안에서 태동한 교회에 큰 감동과 울림을 주었다.

> '그들이 다 자기 일을 구하고 그리스도 예수의 일을 구하지 아니하되 디모데의 연단을 너희가 아나니 자식이 아버지에게 함같이 나와 함께 복음을 위하여 수고하였느니라'(빌 2:21-22)
>
> '그(에바브로디도)가 너희 무리를 간절히 사모하고 자기가 병든 것을 너희가 들은 줄을 알고 심히 근심한지라 그가 병들어 죽게 되었으나 하나

님이 그를 긍휼히 여기셨고 그뿐 아니라 또 나를 긍휼히 여기사 내 근심 위에 근심을 면하게 하셨느니라'(빌 2:26-27)

삶에서 내리는 우리의 결단들이 주님을 신뢰하여 내리는 결단이기를 바란다. 수많은 사람들에게 감동과 울림을 주는 아름다운 이야기들이 퍼져 나가기를 간절히 소망한다.

진정으로 가치 있는 삶은
이웃과 복음을 위한 희생이 동반되는 삶이다

트로이전쟁의 양측에는 많은 영웅들이 등장한다. 그 중 트로이군의 위

바울이 감옥에서 빌립보 성도들에게 편지를 쓰면서 에바브로디도를 천거한다. 디모데와 함께 바울에게 믿음직한 일꾼이었다.

대한 전사 중 한 명이 제우스와 에우로페 사이에서 난 아들이며, 리키에 왕국을 세운 왕 사르페돈이었다. 그는 트로이 병사들이 전쟁에 나가기를 머뭇거리고 두려워하자, 그들을 꾸짖고 독려하여 사기를 끌어올렸다. 특히 그리스군 함대 주위의 방책을 공격하는 데 선봉으로 나섰던 그는 자신의 사촌동생 글라우코스를 다음과 같이 독려한다.

이때 신에게도 견줄 만한 사르페돈을 용기를 부추겨서 방벽에 접근시켜 칸막이를 부수려 들게 하였다. 그리고 그는 사촌동생인 힙포로코스의 아들 글라우코스를 향해서 말하기를,

"글라우코스여, 대체 어찌된 까닭으로 우리 두 사람에게 리키에 나라에서 특별한 명예가 주어지고 있는 것일까. 좌석에서나 고기의 분배에서나 술잔의 수에 있어서나 남보다 더 많이, 그리하여 너나없이 왜 모두 우리들을 신과도 같이 숭앙하는가. 게다가 크산토스 강둑 가까이에 광대한 장원마저 차지하고 있으니, 과수라든가 보리가 열매 맺는 밭이 있는 훌륭한 장원을. 그런 것을 위해서도 지금이야말로, 우리들은 리키에 군대의 선진에 참가하여 꿋꿋이 서서 몸을 태우는 전투에 뛰어들지 않으면 안 된다. 빈틈없이 갑주를 몸에 두른 리키에 군대의 모든 사람들이 이렇게 말하도록 하기 위해서라도.

'과연 리키에 나라를 다스리시는 우리들의 영주님들은 훌륭한 명예를 받는 분들, 살찐 양고기며 최상의 꿀같이 달콤한 술을 드시는 것도 까닭 없는 일이 아니니, 저기 저렇듯 역량도 뛰어나 리키에 군의 선진에

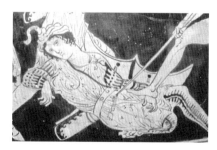

헤라클레아에서 발견된 붉은 문양 히드리아에 새겨진 <파트로클로스의 손에 의한 사르페돈의 죽음>

서서 싸우고 계시지 않는가'라고.

　여보게, 다정한 아우여, 만일 우리들이 이번 싸움에서 살아남는다면, 언제까지나 그야말로 나이도 먹지 않고 죽지도 않고 있을 수만 있다면, 다시는 나도 선진에 섞여 싸우지도 않을 것이고, 그대를 내보내어 무사에게 영광을 주는 전투에 참가시키지도 않을 것이다. 그러나 실은 어쩔 수 없이 수없는 죽음의 운명이 우리를 둘러싸서, 인간의 몸으로는 도저히 이것을 막을 수도 달아날 수도 없는 법이다. 그러니 자, 나가세, 누구 다른 사람에게 영광을 주거나 아니면 남에게서 우리가 영예를 받거나 하기 위해."(12권)

　사르페돈은 사촌동생 글라우코스에게 자신들이 누리는 것을 특권이라 생각하지 말고, 자신들의 책임과 의무를 다해야 한다고 말한다. 이 구절은 '노블리스 오블리제'를 말하는 구절로 많이 인용되는데, 고대인들에게 있어서나 지금 현대인들에게 있어서나 진정으로 가치 있는 삶은 자신이 누리는 것을 당연한 특권으로 여기는 것이 아니라, 누리는 것에 감사하는 마음으로 이웃과 공동체를 위해 희생하는 것이다. 이것이 예나 지금이나 리더십의 핵심이다. 자신이 공동체에서 누리는 것만큼 먼저 위험을 감수하는 것이다.

　예수님께서는 자신을 따르기로 결단하고 믿음을 고백하는 제자들에게 다음과 같이 권면한다.

　'누구든지 자기 목숨을 구원하고자 하면 잃을 것이요 누구든지 나와 복음을 위하여 자기 목숨을 잃으면 구원하리라'(막 8:35)

　이것이 영적인 원리이다. 자기 목숨을 구원하고자 하는 삶, 즉 이웃을 사랑하고 주님 나라를 위해 희생하지 않는다면 주님께서 복된 삶을 허락하시지 않는다. 그러나 주님 나라를 위해 자기 목숨을 던지는 삶은 하나님께서 진정으로 아름답게 사용하신다. 주님을 위해 갈렙처럼 여호수아처럼 자신을 던진 사람들의 삶을 통해 하나님께서는 이스라엘 공동체를 가나안 땅으로 인도하셨다. 그들은 가나안 땅에서 놀라운 복을 누리는 삶을 살았다. 그러나 자신들의 먹을 것과 마실 것과 안전을 위해 늘 불평했던 이스라엘 백성들은 광야에서 허송세월하다 죽고 말았다. 가치 있는 삶, 주와 복음을 위하여 자신의 삶을 드리며 하나님의 약속을 경험하는 삶을 누리는 이들이 많아지길 소망한다.

1-2권 : **전투의 배경**(아킬레우스의 분노와 참전 거부 / 그리스와 트로이군 목록)

3-7권 : **첫날 전투**(그리스 쪽으로 우세한 팽팽한 전쟁)

8-10권 : **둘째 날 전투**(헥토르의 무공으로 트로이 쪽이 승기)

11-18권 : **셋째 날 전투**(아킬레우스의 친구 파트로클로스의 죽음)

19-22권 : **넷째 날 전투**(아킬레우스의 참전과 그리스군 승리)

23-24권 : **전투의 마무리**(파트로클로스와 헥토르의 장례식)

전투의 배경(역병과 아킬레우스의 분노, 1~2권)

노여움을 노래하라, 시의 여신이여, 펠레우스 아들 아킬레우스의 그 저
주스러운 노여움이야말로 수없이 많은 괴로움을 아카이아 군에게 주고
또 많은 씩씩한 용사들의 넋을 저승으로 보내었다. 그리고 그들의 시신
은 들개와 사나운 짐승들 밥이 되었다. 한편 그러는 중에 제우스의 뜻은
이루어져 갔으니, 그것은 맨 처음 군사들의 우두머리인 아트레우스 아
들 아가멤논과 용맹한 아킬레우스가 싸움을 하여 사이가 나빠진 뒤의
일이다.(1권)

일리아스는 주인공 아킬레우스의 분노로 시작한다. 트로이 전쟁이 10년째를 맞고 있는 상황. 큰 전염병이 그리스군 진영을 덮치게 되었는데 그 원인은 한 여인 때문이었다. 그리스군이 약탈한 물품을 나누는 과정에서 그리스군 총사령관 아가멤논이 크리세이스라는 여인을 차지한다. 그런데 하필 그녀는 아폴론신을 모시는 사제의 딸이었다. 사제는 아가멤논에게 자신의 딸을 풀어달라고 간청했다가 매몰차게 모욕을 당했고, 아폴론은 아카이오이족(그리스연합군)에게 역병을 내린 것이다. 장군들이 모여 대책을 논의하고, 예언자 칼카스를 통해 이 질병이 크리세이스라는 여인 때문에 생겼다는 것을 알게 된다.

아트레우스의 아들 아가멤논은 어쩔 수 없이 크리세이스를 풀어주는 대신 최고의 공을 세운 아킬레우스가 차지했던 여인 브리세이스를 빼앗는다. 아킬레우스는 총사령관이라는 이유로 자신이 차지했던 여인을 빼앗은 아가멤논에게 분노하여 전쟁에 나가지 않기로 선언한다. 그리고 어머니 테티스에게 눈물을 흘리며 이 억울한

1876년 하인리히 슈리만이 미케네의 무덤에서 발견한 아가멤논의 가면.

사정을 하소연하고, 테티스는 제우스에게 자기 아들을 선처해 달라고, 트로이가 이기게 해 달라고 애원한다.(1권)

제우스는 아가멤논에게 트로이성을 빼앗으러 전쟁에 나가라고 부추기는 꿈을 꾸게 한다. 그는 아킬레우스 없이 전쟁을 준비한다. 크레테의 이도메네우스, 살라미스의 왕 아이아스, 작은 아이아스, 디오메데스, 지혜로운 오디세우스, 아가멤논의 동생이자 아내 헬레네를 빼앗긴 메넬라오스 등 장수들이 모였다. 이어 전쟁에 참여하는 그리스군 장수들과 함선목록

이 소개된다. 트로이군도 프리아모스의 아들 헥토르를 위시하여 아프로
디테와 앙키세스의 아들 아이네이아스, 판다로스, 사르페돈 등 기병들이
출전을 준비한다.(2권)

첫날 전투(3~7권)

첫날 아내 헬레네를 빼앗긴 메넬라오스와 그녀를 빼앗은 파리스 두 사
람이 맞섰다. 그러나 곧 파리스는 두려워서 뒤로 꽁무니를 뺐다. 헥토르는
파리스를 크게 꾸짖는다. 헬레네가 싸움을 지켜보는 가운데 명예가 실추
된 파리스는 싸움에 책임이 있는 두 당사자가 일대일 싸움으로 승부를 보

루벤스가 1632~1635년 목판에 유화로 그린 <파리스의 심판>

자고 제안한다. 일대일 승부에서 지는 쪽이 헬레네와 더불어 보물을 주는 것으로 약속하고, 싸움이 진행되는 동안 파리스의 패색이 짙어진다. 그리스군은 승리를 기뻐하며, 아가멤논은 약속을 지키라고 외친다.(3권)

트로이가 약속을 깨고 계속 전쟁이 진행된다. 아테네 여신은 트로이의 궁사 판다로스에게 가서 메넬라오스에게 화살을 쏘게 한다. 메넬라오스는 화살을 맞아 부상을 당했다. 아가멤논은 전 그리스군을 한데로 모아 트로이군을 향해 나아갔고 치열한 전투가 계속되었다.(4권)

그리스 군 아르고스의 무장 디오메데스는 트로이를 향해 돌진한다. 트로이의 판다로스가 디오메데스의 어깨를 화살로 명중시키고 아이네이아스와 함께 디오메데스에 맞섰으나 위기에 처한다. 이 때 트로이의 영웅 헥토르가 전쟁에 본격적으로 참여하고, 디오메데스도 그리스군을 독려하며 전쟁은 점점 더 치열한 양상으로 흘러간다.(5권)

그리스군 장수 아이아스가 트로이 군대를 쓰러트렸다. 메넬라오스도 큰 공을 세우고 있었다. 네스토르는 그리스군을 독려했다. 헥토르와 아이네이아스는 전장을 누비며 트로이군에게 용기를 불어넣었다. 헥토르는 성 안으로 들어가서 전장에 나가지 않기를 원하는 아내 안드로마케를 만나, 자신의 명성을 위해 트로이 편에서 싸우겠다고 말한다.(6권)

헥토르와 동생 파리스는 전장으로 나간다. 헥토르가 등장하자 트로이 쪽으로 전세가 기운다. 네스토르는 헥토르의 상대로 텔라몬의 아들 아이아스를 내보낸다. 둘은 치열하게 싸우지만 승부가 나기 전에 밤이 왔고, 첫날 전투가 마무리된다.(7권)

둘째 날 전투 (8~10권)

팽팽한 전쟁이 다시 시작되었고, 전쟁이 트로이 쪽으로 기운다. 그리스 군이 밀리며 밤이 되었다. 트로이군은 그리스군을 위협하며 방책 뒤로 밀어붙인다. 그리스군은 최대의 위기에 빠졌다.(8권)

다급해진 아가멤논은 그제야 아킬레우스에게 참전을 권유하기 위해 포이닉스 아이아스 오디세우스를 보낸다. 그는 빼앗았던 전리품 브리세이스도 돌려주는 것은 물론이며, 헤아릴 수 없이 많은 선물을 주기로 약속한다. 그러나 오디세우스를 통해 그 말을 들은 아킬레우스의 마음은 요지부동이다.(9권)

이 대목을 읽어보도록 하자.

이에 대해 이번에는 병사들의 군주 아가멤논이 말하기를 "장로여, 그대가 나의 어리석음을 나무라는 것은 당연한 일이다. 우매한 짓이었다는 것은 나도 부인하지 않는다. 그는 많은 적을 일기당천할 만한 용사이다. 제우스 신이 마음에 두고 애호를 한다면. 바로 지금 이 무사 헥토르에게 영예를 주어 아카이아 군대를 격파시킨 것처럼. 그러나 아무튼 저주스러운 사념에 사로잡혀 과오를 범한 이상, 그 대가로 이번에는 헤아릴 수 없는 보상금을 치를 작정이다. 그러므로 지금부터 그대들 눈앞에서 어디에도 비길 데 없이 훌륭한 선물을 열거해 보이리라. 아직 불에 얹어 보지도 않은 큰 솥이 7개, 황금 추(금을 타원형으로 만든 것인데 다시 말해서 금방 망이임)가 10개, 번쩍이는 작은 솥이 20개, 그리고 준마 12필, 모두 경주에서 우승한 늘씬한 말들이다. 이 외발굽 말들이 가져다주는 많은 상품

94

들, 이토록 많이 받는 사나이는 결코 전리품에 부족을 느끼지 않을 것이며 더없이 귀중한 황금을 차지하지 않은 자라는 소리는 듣지 않을 것이다. 이 밖에 7명의 뛰어난 수예 솜씨를 가진 여자들도 딸려 주리라. 레스보스 섬의 여자로 내 자신이 레스보스를 공략했을 때 골라낸 여자들 중에서도 인물이 뛰어난 여자들이다. 이 여자들을 선사하리라. 그 가운데는 그 전에 내가 탈취해 온 브리세이스도 끼어 주리라. 게다가 굳은 맹세로써 말하거니와 결코 나는 그 처녀의 잠자리에 든 적도 없고 서로 말을 나눈 적도 없다. 남자든 여자든 그것이 세상의 관습이지만.

이런 물품들을 지금 당장 전달해 주리라. 그리고 만약에 신들이 우리들에게 프리아모스의 위대한 도성 일리오스를 공략하도록 허락해 주신다면, 전리품을 우리 아카이아 군이 나누어 가질 때, 한몫 끼게 하여 배를 청동과 황금의 그릇으로 채워 돌아가게 하리라. 또 트로야의 여자 중에서 20명쯤 손수 고르게도 하리라. 아르고스 태생인 헬레네 다음으로 뛰어나게 인물 고운 여자들을. 그리하여 전답이 특히 기름진 아카이아의 아르고스로 돌아간 다음에는, 오레스테스와 같은 명예를 주어 나의 사위로도 삼으리라. 이 아이는 가장 나중에 태어나 사치스럽게 자랐지만. 그런데 나에게는 세 딸이 있다. 재목의 구조도 훌륭한 저택 안에 크리소테미스와 라오디케와 이피아낫사의 세 딸이. 이 세 딸 중의 누구든 그가 바라는 공주를, 약혼 예물을 받음이 없이 정실(正室)로서 아킬레우스의 아버지 펠레우스의 성관으로 데려가게 하리라. 게다가 나는 출가의 지참금을 가득 딸려 보내리라. 여태

후기 청동기 시대 트로이아의 성벽. 아크로폴리스의 벽은 기원전 1200년경 전쟁의 장소로 알려졌으며, 일리온 또는 일리오스로 불렸다.

까지 어느 누구고 출가하는 딸에게 일찍이 딸려 보낸 적이 없을 만큼 많은 지참금을."

이에 대해 걸음이 빠른 아킬레우스가 대답하여 말하기를 "제우스의 후예인 라에르테스의 아들, 계략에 능한 오디세우스여. 분명하게 할 말은 해야 되겠구나, 내가 실지로 생각하고 있고 또 실행하게 될 일들을. 그러니 이제 번갈아 옆에 와서 권유하는 것만은 그만두어 다오. 그 사나이는 지옥의 문과 마찬가지로 나에게는 싫은 인간이다. 가슴에 품고 있는 생각과 하는 말이 다른 사나이니까. 아무튼 나는 내가 최상의 상책이라고 생각하는 것을 이야기하리라. 아트레우스의 아들 아가멤논은 나를 설득할 수는 도저히 없을 것이다. 다른 다나오이 사람들도 마찬가지지만. 아무리 내가 쉴 새 없이 적군과 결전을 벌여도 조금도 고맙게 생각하지 않더구나. 뒷전에 처져 있건, 앞에 나가 열심히 싸우건 대우는 똑같았고, 또 겁쟁이도 무용이 뛰어난 자도 아무런 차별 없이 똑같이 평가된다. 게으름을 피워도, 많은 공을 세워도 죽고 나니 모두 같더라.

나는 언제나 내 목숨을 내놓고 싸워 왔지만 오히려 마음의 고통을 받았을 뿐 하등의 덕이 되지 않았다. 마치 아직 날개도 안 난 새끼새를 위해서 어미새가 보는 대로 먹이를 모두 날라다 주고 저 자신은 야위어 가듯이, 나도 몇 날 몇 밤이나 한숨도 자지 못한데다가 낮은 낮대로 피비린내 나는 날을 아침부터 밤까지 싸웠었다. 그것은 결국 아가멤논의 무사들과 그 부인들을 위해서 싸운 셈이다. 실지로 내가 배를 이끌고 공략한 도시는 열둘이나 된다. 육전도 이 땅이 비옥한 트로야에서만도 열 한 번은 될 것이다. 그 모든 도시에서 나는 많은 훌륭한 재보를 노획해 와서 모두 아트레우스의 아들 아가멤논에게 넘겨주었다. 그것을 그놈은 뒤에 앉아 기다리다가 재빠른 배 옆에서 받아서는 조금은 나누어 줬지만 거의 다 자기가 차지했다."

"그리고 앞으로 어떤 의논을 들고 오더라도 나는 응하지 않을 것이며, 협력도 하지 않을 참이다. 나를 속임수에 걸어서 애를 먹였으니까. 두 번다시 그 감언이설에 넘어가지 않을 것이다. 그 한 번으로 충분하다. 한껏 마음대로 하라고 하라. 전지(全智)의 신 제우스가 그놈의 분별심을 거두어 버리셨으니까. 그리고 그가 주는 선물은 모두 거절한다. 털 한 개라도 마음에 두지 않는다. 설혹 지금 그가 가진 모든 것을 열 배, 스무 배로 늘려 주더라도 나는 싫다. 또 어디 다른 데서 가져온 것이라도, 오르코메노스(보이오티아의 옛 도시로 미니아스의 보고(寶庫)로서도 유명함)에 바치는 공물이건, 이집트의 테베의 재보, 그 집집마다 엄청나게 많은 재화를 간직하고 백 개의 성문이 있으며 그 문마다 200명씩의 무사들이 말과 수레를 끌고 와서 실어 나른다는 그 도시건, 다 싫다. 또 바닷가의 모래알, 한길의 먼지만큼 많이 가져오더라도 아가멤논은 나를 설득시킬 수는 없을 것이다. 나에게 뼈아픈 감정을 갖게 한 그 오만불손함에 대한 보복을 하기까지는."(9권)

모든 제안이 거절된다. 그 밤에 디오메데스와 오디세우스는 트로이 진영을 기습하러 나간다. 트로이군 쪽에서 정찰병 돌론을 따돌리고 트로이 진영에 들어가 말을 훔쳐 나온다.(10권)

셋째 날 전투(11~18권)

셋째 날 아침이 되자 아가멤논은 어쩔 수 없이 직접 전쟁에 나간다. 그러나 아가멤논은 부상을 당한다. 디오메데스도 파리스의 화살에, 오디세우스도 소코스의 창에 부상을 당한다. 그리스군의 패전을 지켜보던 아킬레우스는 친구 파트로클로스에게 전쟁터에 다녀오게 한다. 이 때 현자 네스토르는 많은 장수가 부상을 당한 것을 파트로클로스에게 이야기하며 아킬레우스 대신 전쟁에 참여하도록 독려한다.(11권)

이제 트로이군은 그리스군을 방벽까지 몰았고, 헥토르를 비롯한 대장들은 전차에서 내려 여러 부대로 나눠 방벽으로 돌진했다. 사르페돈은 그리스 선단을 둘러싼 방벽의 망루를 부쉈고, 헥토르도 방벽을 넘어 진지 안으로 돌진한다. 그리스 군사들은 배를 향해 도망쳤다.(12권)

그리스군 진영에서는 크레타 섬의 이도메네우스 왕이 반격을 하고, 메넬라오스와 아이아스도 힘을 낸다. 헥토르를 중심으로 응전한다.(13권)

불리해진 전세에 아가멤논은 매우 당황한다. 그리고 정박해 놓은 배를 물 위에 띄워 후퇴하려 하지만, 다른 장수들의 반대에 전쟁은 계속된다. 트로이군의 승리를 볼 수 없는 헤라는 제우스를 유혹하여 잠자리에 들고, 포세이돈의 도움으로 헥토르가 부상을 당한다.(14권)

헥토르는 다시 맹렬히 그리스군을 쓰러트리며 트로이군의 사기를 진작시킨다. 아이아스의 무공도 헥토르에 뒤지지 않았다.(15권)

한편 아킬레우스의 친구 파트로클로스는 전장에서 돌아와 아킬레우스에게 가서 눈물로 호소하며 자신이라도 전쟁에 나가게 해 달라고 한다. 아킬레우스는 친구를 자기 무구로 무장시키고, 미르미돈 병사들과 함께 싸움에 내보낸다. 그러나 파트로클로스는 헥토르에 맞서 싸우다가 전사

한다.(16권)

메넬라오스는 비탄한 마음으로 파트로클로스의 시신을 가져오기 위해 용맹스럽게 싸운다. 파트로클로스의 시신은 겨우 찾지만, 그가 입고 있던 아킬레우스의 무구는 헥토르의 차지가 된다.(17권)

아킬레우스는 친구가 죽었다는 소식을 듣고 대성통곡한다. 아킬레우스는 헥토르에 대한 복수심에 불타서 어머니 테티스에게 전쟁에 나갈 것이라고 다짐한다. 그녀는 아들을 위해 헤파이스토스에게 부탁하여 무구를 다시 만들어준다.(18권)

넷째 날 전투

아킬레우스는 회의에 참여하고 있었던 그리스 대장들에게 나갔다. 많은 이들이 부상으로 신음하고 있는 것을 보고 그는 아가멤논에게 화해를 청한다. 그리스 대장들은 매우 기뻐하고, 오디세우스의 제안으로 식사를 하고 전쟁에 나가기로 한다. 어머니 테티스는 신탁으로 예언되어 있는 아킬레우스의 죽음을 걱정하지만, 아킬레우스는 끝까지 싸울 것이라는 결의를 밝히며 영웅의 면모를 드러낸다.(19권)

폼페이에 있는 프레스코화에 묘사된 파트로클로스

아킬레우스가 전장에 나서고, 아이네이아스가 이에 맞서지만 상대가 되지 않는다. 헥

토르는 동생 폴리도로스 등 수많은 트로이 장수들이 아킬레우스 앞에서 무참히 죽음을 당한다.(20권)

아킬레우스는 친구 파트로클로스의 장례식 희생 제물로 트로이군 12명을 생포하고 나머지는 무참히 죽인다. 아게노르가 아킬레우스를 막아 시간을 벌어주는 사이 트로이군들은 급히 트로이성 안으로 도망친다.(21권)

오직 영웅 헥토르만이 아킬레우스와 결전을 벌이려고 기세등등하게 성문 앞에 섰다. 그의 아버지 프리아모스는 아들을 만류했지만, 헥토르는 많은 동료들이 죽었다는 것에 책임을 느끼며 끝까지 싸우려 한다. 결국 그는 죽음을 당하며 어머니 헤카베와 아내 안드로마케는 오열한다.(22장)

전투의 마무리(23~24장)

아킬레우스는 친구 파트로클로스의 시신 앞에 헥토르의 시신을 끌고 온다. 생포한 12명의 제물로 신에게 제사로 드린다. 파트로클로스의 장례를 위해 승마경주, 권투, 활쏘기, 투창, 달리기 경주가 열린다.(23장)

아킬레우스는 헥토르의 시체를 전차에 매고 파트로클로스의 무덤을 돌았다. 헥토르의 아버지이자 트로이 왕 프리아모스는 아킬레우스를 찾아가 아들의 시체를 돌려달라고 탄원한다. 아킬레우스는 한 아들의 아버지로 그에게 공감하며 헥토르의 시신을 돌려준다. 헥토르의 장례로 작품이 마무리된다.(24권)

04장

모 험 가 득 한
인 생 을 위 한 조 언

호메로스《오디세이아》

(번역본 : 이상훈 역, 동서문화사)

인트로 : 인생을 위한 조언이 필요하다면
먼저 위대한 서사시 《오디세이아》를 보라

인생에 대한 모든 조언을
오디세우스의 모험에 담다

호메로스의 또 다른 작품 《오디세이아》는 지혜로운 영웅 '오디세우스에 대한 노래'라는 뜻이다. 《일리아스》가 트로이 전쟁의 용맹스러운 영웅 아킬레우스의 분노로 시작되는 것과 유사하게, 《오디세이아》는 트로이 전쟁의 또 다른 영웅, 지혜로 유명한 오디세우스의 방랑의 세월을 노래하며 시작한다. 그는 트로이 목마를 고안하여 트로이전쟁을 그리스의 승리로 귀결시킨 영웅이었다. 그는 그 공로를 인정받아 아킬레우스의 사후에 그의 무구들을 차지하는 영광을 누리고, 전쟁 이후에 고향 이타케로 돌아가는 과정에서 10년간의 세월을 보내게 된다.

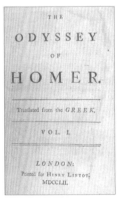 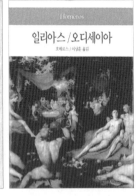

1900년 새뮤얼 버틀러에 의해 번역 출간된 <오디세이아>(좌)
《일리아스/오디세이아》(이상훈 역, 2007년, 동서문화사)(우)

그 10년간의 모험의 이야기가《오디세이아》이며, 그 과정에 주인공이 겪는 일들은 마치 우리가 살아가는 인생에서 겪게 되는 수많은 예상치 못한 이야기들을 떠올리게 한다. 주인공의 지혜로운 대처와 때로 겪는 실패와 좌절, 유혹과 진퇴양난의 상황 속에서 우리는 인생을 위한 저자의 조언을 듣게 된다. 이 작품은《일리아스》와 더불어 트로이전쟁과 관련된 8개의 서사시 묶음에 속한 것으로 알려져 있다. 우리는 이후 서양의 수많은 고전에서 반복되며 패러디되는 그리스 서사시의 두 묶음에 대해 알아둘 필요가 있겠다.

서사시 두 갈래,
트로이 전쟁 이야기와 테베 이야기

신화에 의하면 제우스가 소를 좋아하던 페니키아의 공주 에우로페에게 접근하기 위해 소로 변신하여 그녀를 태우고 크레타섬으로 왔다. 둘 사이에서 태어난 미노스 왕으로부터 크레타 문명이 시작되었다. 그리스의 2유로 동전에는 소를 탄 여인의 그림이 새겨져 있는데, 바로 소로 변신한 제우스를 탄 에우로페다. 이 신화 속 이야기는 지중해를 중심으로 활동하던 해양 민족에 의해 이집트와 메소포타미아 문명이 크레타 섬으로 유입된 것을 상징하는 서사다.

이렇게 먼저 에게해 섬들에, 후에는 그리스 본토에 거대한 문명이 꽃을 피우게 된다. 거기에 많은 도시국가들, 미케네, 아테네, 트로이, 테베, 스파르타, 코린토스 등의 도시국가가 생겨

지중해에서 5번째 큰 섬인 크레타는 고대 그리스의 크레타와 동일하다.

났다. 거기에서 수많은 영웅담들이 만들어졌다. 그 영웅담들이 당시 사람들의 세계관을 형성하고 있었던 그리스 신화와 뒤섞여 문학적 형태의 작품들이 탄생했다. 최초의 형태는 서사시였다. 호메로스의 《일리아스》《오디세이아》는 현재까지 온전하게 전해지는 최초의 서사시 작품들이다.

신화와 역사가 뒤섞인 그리스의 서사시들은 크게 두 개의 묶음으로 나뉜다. 트로이시전(트로이전쟁과 관련된 것)과 테베시전(테베와 관련된 것)이다. 트로이시전에는 8개의 작품이 있었다고 전해진다. 《퀴프리아》[1]《일리아스》《아이티오피스》[2]《소일리아스》[3]《일리아스 낙성》[4]《노스토이(귀향)》[5]《오디세이아》《텔레고네이아》[6] 등이 있다. 호메로스의 작품 이외에는 완전히 보존되지 않았지만, 다른 작품들에 부분적으로 인용되어 대략적인 내용은 전해진다. 이 순서대로 연결하면 크게 줄거리가 이어진다. 이 서사시들은 이후 극작가들에 의해 여러 작품으로 재탄생한다. 소포클레스의 《아이아스》, 아이스킬로스의 《아가멤논》, 에우리피데스의 《안드로마케》《헬레네》《엘렉트라》 등이 있다.

1　바다의 여신 테티스와 펠레우스의 결혼식에서의 세 여신의 말다툼과 그로 인해 시작된 트로이 전쟁의 첫 9년 이야기로 11권으로 되어 있다.
2　《일리아스》의 결말인 헥토르의 죽음 이후 트로이를 도우러 왔던 아마조네스 여왕 펜테실레이아가 아킬레우스에게 죽음을 당하는 이야기와 파리스의 화살을 맞은 아킬레우스의 죽음 이야기 등으로 5권으로 되어 있다.
3　아킬레우스를 화살로 죽인 파리스의 죽음과 트로이 목마 이야기로 4권으로 되어 있다. 《아이디오피스》와 《일리아스 낙성》과 겹치는 부분이 많다.
4　트로이 목마 작전과 트로이의 함락 이야기로 2권으로 되어 있다.
5　트로이 전쟁이 끝나고 오딧세우스를 제외한 다른 그리스 장군들의 귀국 이야기로 5장으로 되어 있다.
6　오딧세우스가 귀국하여 아내 페넬로페의 모든 원수를 갚는 이야기인 《오디세이아》 이후에 그가 귀국하는 과정에서 함께 살았던 칼립소와의 사이에서 태어난 아들 텔레고네스에게 죽게 되는 이야기로 2권으로 되어 있다.

트로이시전과 쌍벽을 이루는 테베시전에는 《오이디포데아》[7] 《테바이스》[8] 《에피고노이》[9] 《알크마이오니스》[10]가 있다. 이 작품들도 온전히 전해지지는 않지만 대략 이 순서대로 이야기가 이어진다. 테베에 역병이 돌고 자신이 전에 아버지를 죽인 비극의 주인공이자 역병의 원인이라는 것을 알고 스스로의 눈을 찌르고 왕위에서 내려온 오이디푸스 왕, 그를 이어 두 아들이 권력을 놓고 싸

그리스 중부 보이오티아에 있던 옛 도시국가.

우다가 모두 죽고, 테베를 공격했던 일곱 명의 장군들의 아들들이 테베를 공격해 테베가 멸망하고 그 이후의 복수의 이야기가 이어진다.

트로이시전과 테베시전은 기원전 6~5세기 무렵 전성기 그리스에서 소포클레스, 에우리피데스, 아이스킬로스 등 극작가들에 의해 수많은 연극으로 만들어지며, 더욱 다양한 작품으로 재탄생하여 선풍적인 인기를 끌게 된다.

오이디푸스 콤플렉스에 인용된 소포클레스의 《오이디푸스왕》, 오이디푸스가 테베를 떠나 콜로노스에 정착하여 죽음에 이르는 과정을 다룬 소포클레스의 《콜로노스의 오이디푸스》, 오이디푸스 왕의 딸 안티고네가

---

7 스핑크스의 수수께끼를 풀고 테베의 왕이 되는 오이디푸스 왕 이야기가 나오며, 어머니이자 아내인 이오카스테의 결혼 이야기도 나올 것으로 추정한다.

8 오이디푸스 왕이 떠난 후 두 아들 에테오클레스와 폴리네이케스가 권력을 놓고 벌이는 전쟁 이야기를 다루며, 폴리네이케스가 여섯 명의 다른 장수와 함께 테바이를 공격하다가 실패하며, 오이디푸스의 두 아들이 모두 죽는 이야기다.

9 《테바이스》 이후에 테바이를 공격한 일곱 장군들의 다음 세대가 다시 테바이를 공격하는 내용이다.

10 알크마이온이 《테바이스》에 나오는 아버지 암피라이오스의 죽음에 복수하고자 어머니 에리필레를 죽이는 비극적 이야기다.

오빠 폴리네이케스를 장례하다가 사형에 처해지는 이야기를 다룬 소포클레스의 《안티고네》, 오이디푸스 왕의 두 아들 에테오클레스와 폴리네이케스의 권력을 둔 다툼과 이후 폴리네이케스와 더불어 테베를 공격한 일곱 장군들의 이야기 아이스킬로스의 《테베를 공격한 일곱 장군》 등이 유명하다. 특히 테베시전에 속하는 오이디푸스 왕과 그의 딸 안티고네 이야기는 서양의 극작가 베르톨트 브레히트, 장 콕도, 장 아누이 같은 사람들에 의해 재해석되어 작품으로 만들어졌고, 많은 작곡가들의 악보와 미술가들의 화폭에 담겼다. 지금도 우리는 수많은 작가와 예술가들에 의해 트로이와 테베 이야기를 만나고 있다.

《일리아스》와 더불어 트로이시전에 속하는
서양 고전의 근원 《오디세이아》

호메로스의 《일리아스》와 《오디세이아》는 트로이시전의 핵심 작품이다. 이 작품들은 완벽한 문학적 형태와 작품으로서의 구성미, 인간에 대한 깊은 성찰을 담고 있기 때문에 서양 정신사에 지대한 영향을 미쳤고, 그 공로를 인정 받아 상당수의 세계문학전집에서 1번 자리를 차지하고 있다.

그리스가 지고 로마가 지중해를 지배하던 기원전 1세기 로마의 아우구스투스 황제 시절 베르길리우스는 《아이네이스》를 썼다. 이 작품은 호메로스의 《일리아스》에 나오는 트로이 전쟁의 패전한 장수 아이네이아스와 그 부하들이 새로운 나라를 찾아 떠나 여러 모험을 거쳐 로마의 시조가 된다는 내용이다. 이 작품은 트로이를 떠난 영웅과 그 추종자들이 로마에 당도하기까지의 모험(오디세이아와 유사)과 로마에서 적들을 물리치고 나라를 세우기까지의 전쟁(일리아스와 유사)으로 되어 있다. 베르길리우스는 700

년을 뛰어 넘어《일리아스》의 전쟁이야기와《오디세이아》의 모험 이야기를 그대로 자신의 한 작품에 담아 호메로스의 문학을 계승하고 있다. 중세 말기 로마를 계승한 이탈리아의 문호 단테는 지옥과 연옥과 천국을 다룬《신곡》에서 사후 세계로의 여행을 돕는 안내자를 베르길리우스로 설정했다.《아이네이스》에서 작가가 주인공과 죽은 아버지의 만남의 장면을 묘사하면서 사후세계를 자세히 그렸기 때문이다.

1세기 폼페이에 그려진 프레스코화인 <아이네이아스에게서 화살촉을 제거하는 이아픽스>

　이런 식으로 서양의 거의 대부분의 문학가들은 호메로스의 작품들과 직접적으로 연관을 맺고 있다. 서양 고전은 호메로스를 인용하고, 재해석하면서 탄생하는 하나의 거대한 작품인 것이다. 근대의 서양 고전을 이해하고 교양을 넓히기 위한 모든 연구의 시작점에《일리아스》와 더불어 호메로스의《오디세이아》가 있다.

《일리아스》 속편 격인 호메로스의
《오디세이아》 배경이야기

　《일리아스》가 다루고 있는 4일 간의 전쟁이 그리스 연합군의 승리로 끝났다. 그럼에도 전쟁이 완전히 끝난 것은 아니었다. 트로이가 헥토르를 잃고 위기에 처하자 트로이를 돕기 위해 여성 전사들의 부족 아마조네스가 참전했다. 아마조네스(영어로 아마존)는 유방이 없다는 뜻으로, 활쏘기에 방해가 되지 않도록 한쪽 유방을 절제했다고 해서 이런 이름이 붙었다. 그 여성 부족은 아킬레우스와 용맹스럽게 맞붙었지만 그를 당해낼 수 없었고, 여왕 펜테실레이아도 죽음을 당하고 말았다.

그 후 뜻밖의 일이 일어났다. 그리스 연합군의 영웅 아킬레우스가 죽은 헥토르의 동생 폴릭세나와 사랑에 빠지고 만 것이다. 그는 폴릭세나의 아버지 프리아모스에게 전령을 보내, 결혼을 허락해준다면 고향으로 돌아가거나 트로이를 위해 싸우겠다는 뜻을 전했다. 프리아모스는 아킬레우스와 만나 혼사에 관한 이야기를 나누려 했다. 헥토르의 동생 파리스가 이 소식을 듣고 숨어 있다가 독화살로 아킬레우스의 발뒤꿈치를 명중시켜 그 위대한 영웅은 죽고 만다. 아킬레우스가 죽은 후 그의 갑옷을 오디세우스가 차지한다. 갑옷을 차지하지 못한 아이아스는 자살한다.

트로이 전쟁은 유명한 트로이 목마 사건으로 끝난다. 오디세우스가 거

많은 역사가들이 트로이 전쟁을 호메로스의 상상력에서 비롯된 사건이라고 했으나 그 유적지가 발견되면서 역사적 사실로 증명되었다.

대한 목마를 만들 것을 제안하고, 그 안에 오디세우스와 부하들이 숨는다. 그리스 연합군은 병사와 무기 등을 챙기고, 진지를 불태우고 거짓으로 배를 타고 떠나는척 한 후 근처에 숨어 대기한다. 그리스 군의 탈영병으로 위장한 한 병사가 그리스군이 목마를 신에게 바치고 철수했다고 거짓 소식을 전했다. 트로이 왕 프리아모스의 딸 카산드라는 목마가 적의 계략이라고 말했지만, 트로이군은 목마를 성 안에 들여놓고 전쟁이 끝난 것을 기뻐하며 술에 취해 잠들었다. 오디세우스의 계략은 정확하게 적중한다. 그와 부하들은 목마에서 나와 트로이 군사들을 죽인다. 숨어 있던 그리스군이 합세하여 전쟁이 그리스군의 승리로 돌아간다.

10년 간의 트로이전쟁이 끝난 이후 그리스 연합군의 영웅들은 본국으로 귀환하게 된다. 총 사령관 아가멤논은 미케네로 돌아간 날 아내 클리타임네스트라와 그의 정부에게 죽임을 당한다. 아내를 빼앗긴 전쟁의 당사자 메넬라오스는 헬레네를 되찾아 라케다이몬(스파르타)으로 돌아간다. 모든 영웅들이 본국으로 돌아갔는데도 불구하고, 트로이 전쟁의 일등 공신 오디세우스만은 숱한 고난을 겪으며 본국으로 돌아가지 못한다. 10년 간의 전쟁이 끝나고 귀향의 길을 떠난 지도 거의 10년 째가 되었다. 오디세우스는 귀향의 과정에서 숱한 고난과 역경을 겪는다. 그가 전쟁을 위해 조국 이타케를 떠난 지 총 20년이 된 시점. 그는 여신 칼립소(감춘다는 뜻)의 섬에 억류당하는 상황에 있다. 고향 이타케에서는 그의 왕좌와 재산을 노리는 구혼자들에게 시달리는 아내 페넬로페와 아버지를 만나지 못하고 스무 살이 된 아들 텔레마코스가 고초를 겪고 있다. 이런 상황에서 《오디세이아》가 시작된다.

인생에는 반드시 우리가 넘어야 할 수많은 난관들이 온다
이때를 위해 말씀과 기도로 인생을 준비해야 한다

《오디세이아》에서 가장 유명한 부분은 9-12권이다. 주인공은 수많은 고난과 역경이 뒤섞인 모험 끝에 고향과 가까운 스키리에 섬에 도착하여 알키노스 왕 앞에서 향연을 제공받는다(8권). 그 잔치 자리에서 그는 트로이 전쟁과 목마에 대해 노래하는 악사의 공연에 눈물을 흘리며 자신의 과거를 회상한다. 우리가 주인공의 모험이라고 부르는 과정의 대부분은 지난 일을 회상하는 이 유명한 대목에서 언급된다(9~12권).

19세기에 장 브로크가 그린 유화 <스케리아의 오디세우스>

그는 고향으로 돌아가는 길에 바다를 항해하면서 셀 수 없는 풍랑을 만난다. 또한 여러 나라들에 도착하여 수많은 난관에 처한다. 그의 10년의 귀향 과정은 인생의 축소판이라 할 수 있다. 오디세우스는 마침내 고향에 도착하여 가정을 회복시키고 승리한다. 과정의 중간

에 부하들 때문에 큰 위기에 빠지기도 하고, 자신의 실수로 많은 동료들을 잃어버리기도 한다. 가족들을 다시 만날 수 없다는 절망에 사로잡히기도 한다. 하지만 그는 탁월한 지혜와 포기하지 않는 불굴의 의지로 모험을 통과하여 승리한다.

우리의 인생을 돌아보자. 어느 누가 과거를 회상하며 눈물을 흘리지 않을 수 있겠는가?

모세는 다음과 같이 고백했다.

'우리의 연수가 칠십이요 강건하면 팔십이라도 그 연수의 자랑은 수고와 슬픔뿐이요'(시 90:10)

긴 타향살이, 아들을 잃은 슬픔, 아내를 먼저 떠나 보낸 고통, 형의 위협 등 수많은 인생의 고난을 겪은 야곱은 바로 앞에서 다음과 같이 인생을 회고한다.

'내 나그네 길의 세월이 백삼십 년이니이다 내 나이가 얼마 못 되니 우리 조상의 나그네 길의 연조에 미치지 못하나 험악한 세월을 보내었나이다'(창 47:9)

그러나 야곱은 얍복강에서 천사와 씨름하며 기도했고, 모세는 늘 하나님과 대면하며 그의 말씀을 통해 힘을 얻었다. 죄로 가득한 세상에서 살아가는 성도들은 유혹과 고난이 찾아올 수밖에 없는 인생에 대해 늘 깊이 성찰해야 한다. 영적으로 깨어 승리하는 인생을 위해 기도와 말씀으로 준비해야 한다. 많은 난관은 인생에서 누구나 겪는다. 이때 기도와 말씀으로 무장하고 성령 충만함으로 준비한 이들은 쓰러지지 않을 것이다. 평안할 때, 아직 큰 위기가 닥치지 않았을 때, 말씀과 기도로 미래를 준비하자.

험난한 인생 여정 속에도 우리는 소망을 가져야 하며, 누군가에게 소망의 도구가 되어야 한다

오디세우스는 험난한 모험의 과정 속에서 바람의 신 아이올로스의 호의를 입기도 하고, 여러 신들의 호의를 입어 자신을 억류하던 칼립소에게서도 탈출하게 된다. 그에게는 위기의 순간에 늘 도움의 손길들이 있었다. 그리스인들은 인생의 어려운 순간에 어떤 특별한 도움이 있다는 믿음을 가지고 있었다. 특히 오디세우스의 나그네 인생에 소망이 되었던 것은 파이아케스족의 알키노스 왕이었다. 그의 딸 나우시카 공주는 바닷가에 쓰러져 있는 오디세우스를 구해준다. 알키노스 왕은 굶주린 그에게 잔치를 베푼다. 알 수 없이 슬퍼하는 그를 위해 즐거운 운동경기를 공연하여 기쁨을 주려고 한다.

1세기경 대리석으로 조각한 오디세우스의 머리

그래서 사람들은 모두 조리해 내온 요리 접시로 제각기 손을 내밀어 실컷 먹었다. 어지간히 마실 것 먹을 것에 싫증을 느꼈을 때, 노래의 여신이 가창자를 시켜 무사들의 명예를 엮은 노래 중 한 구절을 부르게 했는데, 그 무렵에는 이 노래의 평판은 넓디넓은 하늘에까지도 떨칠 만큼 유명했다. 즉 오디세우스와 펠레우스의 아들인 아킬레우스가 말다툼을 벌이는 대목이었다. …

그러나 오디세우스는 자줏빛 커다란 망토를 억센 두 손에 잡더니 머리 위로부터 내려쓰고는 우아한 그 얼굴을 가려 버렸다. 왜냐하면 눈꼬리에서 눈물이 흐르는 모습을 파이아케스 사람들에게 보이기가 쑥스러웠기 때문이다. … 이때 다른 사람들은 누구도 그가 눈물을 흘린다는 것을 눈치 채지 못했지만, 알키노스 한 사람만이 알아차렸던 것은 바로 그의 옆에 있었기 때문이며, 몹시 한숨짓는 걸 들었던 것이다. 그래 그 길로 노젓기에 익숙한 파이아케스 사람들을 향해 말하기를,

"똑똑히 듣게나. 파이아케스를 지휘하는 사람들과 국사를 맡은 사람들이여. 이제 우리는 충분히 음식과 하프를 즐겼다. 이런 음악은 요란한 잔칫상에는 으레 따르게 마련이지만, 이제 그만 밖으로 나가 갖가지 재미있는 경기를 하는 게 어떻겠나. 손님께서 고향에 가신 다음 가족들한테 이야깃거리가 되도록 말이지, 얼마나 우리가 권투와 씨름 또는 넓이뛰기 같은 데서 다른 나라 사람들을 능가하는가를 알려 주도록."(8권)

모든 사연을 다 듣게 된 알키노스 왕과 그 백성들은 그에게 배를 마련하여 안전하게 그를 고향으로 데려다 준다. 파이아케스족은 그리스인들에게는 신비한 반인반신의 종족이었다. 그들은 난관에 빠진 사람들을 무조건 환대하며, 회복시킨다는 전설의 종족이었다. 오디세우스는 그들을 통해 힘을 얻어 오랜 역경의 시간을 마무리하고 고향으로 갈 수 있었다.

하나님의 백성인 우리는 아무리 어려운 난관에 봉착해도 하나님의 은혜를 통해 유혹과 고난에 승리할 수 있다는 소망을 가져야 한다. 하나님의 섭리로 많은 조력자들을 만날 수 있다는 사실을 깨닫고 늘 소망에 충만해야 한다. 소망은 어떤 고난과 역경에 봉착해서도 포기하지 않고 담대하게 대처할 수 있는 힘을 준다. 아브라함은 아내를 빼앗길 뻔한 상황들을 하나님의 도우심으로 넘긴다. 다윗은 수많은 유혹과 고난에서도 자신

을 지켜주시는 하나님께 다음과 같이 고백했다.

> '여호와는 나의 목자시니 내게 부족함이 없으리로다 … 내가 사망의 음
> 침한 골짜기로 다닐지라도 해를 두려워하지 않을 것은 주께서 나와 함
> 께 하심이라 주의 지팡이와 막대기가 나를 안위하시나이다'(시 23:1,4)

하나님의 백성들은 결코 좌절하지 않는다. 현실이 아무리 어려워도 포기하지 않는다. 주님께서 함께 하시며, 수많은 조력자들을 주시기 때문이다.

바울은 로마서에서 뵈뵈, 브리스가와 아굴라, 에배네도, 마리아, 안드로니고와 유니아, 암블리아, 우르바노, 스다구, 아벨레, 아리스도불로의 권속, 헤로디온, 나깃수의 가족, 드루배나와 드루보사, 버시, 루포와 그의 어머니, 아순그리도와 블레곤, 허메와 바드로바와 허마, 빌롤로고와 율리아, 네레오와 그의 자매, 올름바와 그의 성도들을 동역자로 언급한다. 이 이름들 중에는 이방인의 이름도 많다. 원래 알던 이들, 유대인들이 아니라 믿음의 여정에서 만난 수많은 동역자들이 바울을 도왔다. 성도는 홀로 인생을 사는 것이 아니다. 하나님과 그가 보내신 수많은 조력자들이 인생을 돕는다. 그러니 좌절하지 말고 소망을 가져야 한다.

1646년 클로드 로랭이 풍경화로 그린 유화 <파이아케스 족의 땅을 떠나는 오디세우스>

> '여호와는 나의 빛이요 나의 구원이시니 내가 누구를 두려워하리요 … 군대가 나를 대적하여 진 칠지라도 내 마음이 두렵지 아니하며 전쟁이 일어나 나를 치려할지라도 나는 여전히 태연하리로다'(시 27:1-3)

또한 우리는 인생의 파도에 지친 우리의 이웃들에게 소망의 도구가 되어야 한다. 파이아케스 종족은 전설의 종족이었지만, 영적인 눈으로 보았을 때 그들은 교회를 상징한다. 하나님께서 그리스도를 통해 세우신 교회는 실제로 세상에 소망을 주는 도구다. 세상을 충만하게 하는 복음의 통로다. 우리나라가 풍전등화의 위기에 있을 때, 복음을 들고 와 교회를 세운 선교사들은 파이아케스 종족이었다. 그들이 세운 교회는 많은 지친 영혼들에게 소망이 되었고, 고아와 과부와 나그네들에게, 헐벗고 굶주린 사람들에게, 병들고 소외된 사람들에게 진정한 위로가 되었다. 우리는 누군가에게 파이아케스 족의 나라가 될 수 있다. 주님께 소망을 품고 살아가며, 누군가에게 소망이 되어 주는 삶은 얼마나 아름다운가?

인생에 찾아오는 여러 가지 유혹을 이겨내기 위해 단호한 결단이 필요하다

오디세우스 일행은 트로이 전쟁이 끝난 후에 이스마로스 족이 사는 키코네스에 들러 필요한 물자들을 채운다. 그들은 키코네스를 떠나 9일 동안이나 풍랑으로 표류하며 고생하다가, 겨우 한 나라에 도착하는데 바로 연밥(로토스 열매) 먹는 사람들의 나라였다. 오디세우스는 정탐꾼들을 보냈는데 그들은 돌아오지 않았다. 그들은 그 땅에 올라 거주민들이 주는 열매를 먹었는데, 조국도 목적지도 잊어버리게 되었다. 그들은 9일 간의 풍랑에 지쳤는지 귀향을 포기하고, 그곳에 머물러 살기를 소망하게 되었던 것이다.

"그런데 이 꿀처럼 맛있는 연밥을 먹은 부하는, 다시는 돌아오려고도 또

보고하기 위해 귀환하려고도 하지 않았으며, 그저 그렇게 거기서 연밥을 먹는 사람들과 함께 어울려, 연밥을 계속 먹어 댈 것만을 바라고, 귀향할 생각은 전혀 하지 않게 되어 버렸던 것이었소. 그런 사람들을 우리 배가 있는 곳으로, 울고불고하는 것을 나는 억지로 끌고 왔던 것입니다. 그리고 는 음푹한 배 속의 노 젓는 자리 밑에 끌어넣고 결박해 놓았지요.

그러는 한편, 다른 충성스러운 동지들을 격려해서 재빨리 빠른 배에 태웠다오. 또다시 누가 자칫 연밥을 먹고 귀향할 것을 잊어버릴까 보아서 겁이 났던 거지요. 그래 우리들은 급히 배를 타고 노걸이에 질서 정연하게 자리를 잡고 앉자, 잿빛 바다를 노로 때리면서 나아갔던 것입니다."(9권)

오디세우스는 고향에 돌아가야 한다는 고귀한 목표의식으로 결단한다. 그리고 부하들을 재촉하여 그곳을 떠나 귀향의 여정에 나선다. 오디세우스의 결단이 빛나는 장면이다. 그리스인들은 인생의 목표가 사라지게 만들고, 현실에 안주하려는 유혹을 연밥 먹는 사람들의 나라로 표현했던 것이다. 연밥(로토스 열매)은 세상이 제공하는 안락함을 의미한다. 우리 안에

있는 나태함을 불러일으키고, 주님 나라를 위한 사명을 잃어버리게 만드는 유혹이다.

우리는 늘 스스로를 일깨우는 결단을 해야 한다. 이스라엘 백성들은 애굽을 떠나 왔으면서도, 걸핏하면 애굽의 음식들을 그리워하면서 돌아갈 생각을 내비친다. 그들은 결국 가나안의 축복을 누리지 못하고 광야에서 불행하게 죽는다. 안일함과 편안함을 추구하면 결국 하나님 나라의 풍성함을 누리지 못하고, 사탄의 유혹에 빠져 불행한 인

《오디세이아》에 등장하는 로토스 열매는 기억 상실을 일으키는 능력이 있으며, 연꽃 대추 또는 대추야자 열매로 여겨진다.

116

생으로 귀결된다. 영적 안일함으로 세상의 편안함을 누리게 하는 은밀한 유혹은 언제든 찾아온다. 히브리서 저자는 말세가 가까울수록 더욱 영적인 각성이 필요함을 역설한다.

> '서로 돌아보아 사랑과 선행을 격려하며 모이기를 폐하는 어떤 사람들의 습관과 같이 하지 말고 오직 권하여 그날이 가까움을 볼수록 더욱 그리하자'(히 10:24-25)

늘 깨어서 하나님나라가 이 땅에 이루어지기를 사모하며, 자신을 일깨우는 결단의 자리로 나아가야 할 것이다.

고난을 이겨내면
영적으로 성숙한 인간이 된다

오디세우스의 아들 텔레마코스는 아버지가 없는 상황에서 태어나, 어머니와 함께 온갖 고초를 겪으며 어린 시절을 보낸다. 그는 왕권과 재산을 노리는 어머니의 구혼자들이 자신을 죽이려는 계략에 맞서야 하는 위태로운 삶에 놓인다. 그러나 그는 아버지를 찾아 여행하며, 구혼자들과 당당히 맞서며 모든 고난을 잘 이겨낸다. 그가 아버지를 만났을 때, 그는 이미 성숙한 어른이 되어 있었다. 고난이 오히려 텔레마코스를 성숙으로 이끌었다. 그는 우리가 주위에서 흔히 볼 수 있는 온실 속의 화초가 아니었던 것이다. 그는 귀향한 아버지와 함께 담대하게 가정을 회복하면서 영웅의 아들다운 면모를 갖추게 되었다. 그가 태어나서 직면한 것은 아버지의 부재와 어머니의 구혼자들의 욕심이었다. 그 20년의 고난과 역경을 인내하며 극복한 텔레마코스는 결국 매우 성숙한 성인으로 자랐다.

　해가 선인과 악인에게 비추듯, 고난과 역경도 그리스도인들을 피해가지 않는다. 우리 인생의 생로병사, 고난과 역경은 필수과정이다. 하지만 그리스도인에게 있어 이 모든 것은 아름다운 성숙의 열매를 맺는 소중한 약초이자 후에는 추억이 된다. 야고보는 로마제국 안에서 믿음 때문에 고난을 겪는 그리스도인들에게 고난과 역경을 기쁘게 여기라고 권면한다. 그 과정이 온전하여 부족함이 없는 사람을 만들어내기 때문이었다.

> '내 형제들아 너희가 여러 가지 시험을 당하거든 온전히 기쁘게 여기라 이는 너희 믿음의 시련이 인내를 만들어 내는 줄 너희가 앎이라 인내를 온전히 이루라 이는 너희로 온전하고 구비하여 조금도 부족함이 없게 하려 함이라'(약 1:2-4)

　예수 그리스도는 십자가를 인내하사 부활의 영광에 들어가셨다. 히브리서 기자는 예수님을 바라보며 인내로 인생을 경주하자고 부탁한다.

헨리 하워드가 그린 <네스토르를 떠나는 텔레마코스>

> '모든 무거운 것과 얽매이기 쉬운 죄를 벗어 버리고 인내로써 우리 앞에 당한 경주를 하며 믿음의 주요 또 온전하게 하시는 이인 예수를 바라보자 그는 그 앞에 있는 기쁨을 위하여 십자가를 참으사 부끄러움을 개의치 아니하시더니 하나님 보좌 우편에 앉으셨느니라'(히 12:1-2)

　고난과 역경이 찾아올 때, 힘들고 아프다. 너

무 고통스럽다. 그러나 고난은 우리가 성장하는 기회가 된다는 사실을 결코 잊어서는 안 된다. 주님을 바라보며 자신을 더 온전한 인간으로 세워가도록 하자.

많은 달란트를 가진 이들이
마지막으로 넘어야 할 산은 교만이다

주인공이 외눈박이 괴물 키클롭스 족의 나라에 갔다. 그는 한 동굴에 들어갔는데, 그 동굴의 주인은 괴물 중 한 명인 폴리페모스(명성이 많다는 뜻)였다. 그는 12명의 부하들과 동굴에 들어가서, 주인을 만나려고 기다린다. 주인 폴리페모스는 동굴로 들어와서 큰 바위로 동굴 문을 막고는 거침없이 두 명을 잡아먹는다. 자고 일어나서 또 두 명을 잡아먹는다. 주인공은 인생 최대의 위기에 봉착했다. 그러나 오디세우스가 누군가? 트로이의 목마를 생각해 낸 사람 아닌가? 올리브장대를 뾰족하게 깎아 숨겨놓고, 이전에 받았던 포도주를 먹이고, 괴물이 잠이 들었을 때 눈을 찔러 멀게 하고, 양들의 배에 부하들을 묶어 탈출에 성공한다.

처음에 괴물이 오디세우스에게 자신의 이름을 물었을 때, 자신을 '우테이스(노바디, 아무 것도 아니다)'라고 말한다. 이름을 숨기는 동시에 자신이 아무 것도 아니라는 겸손을 의미하는 이름이었다. 그의 겸손은 효과를 발휘했다. 눈이 찔려 소리치는 폴리페모스에게 친구 괴물들이 찾아와서 누가 이런 짓을 저질렀냐로 물었다. 폴리페모스가 '우테이스'라는 놈이 했다고 외치는 대답은 친구들에게 '이 짓을 한 사람은 없다. 그냥 어쩌다보니 이렇게 됐다'고 들렸다. 괴물 친구들은 누가 찌른 것도 아닌데, 신에게 기도하라면서 돌아갔다. 오디세우스의 겸손과 지혜가 그를 구했던 것이다.

그러나 그는 탈출에 성공한 이후 그냥 도망가지 않고, 자신을 과시하고자 하는 교만의 유혹에 빠졌다. 그는 내가 트로이 전쟁의 영웅 오디세우스라고 크게 외치며 폴리페모스를 조롱했다. 그 바람에 화가 난 괴물이 소리가 들리는 쪽으로 바위를 던져서 배가 파손되어 많은 부하들이 죽었다. 또한 폴리페모스가 자신의 아버지 포세이돈에게 간청하여, 그는 거센 풍랑을 만나고 고향으로 돌아갈 수 없게 된다. 이런 이야기가 전해 내려오는 이유는 서양인들의 정신 속에 자신의 이름을 드러내는 교만은 화를 가져온다는 경험이 누적되었기 때문일 것이다.

'키클로페스여, 혹시 만약에 죽어야 하는 인간들 중의 누군가, 그렇게 몰골이 사납게 눈이 먼 까닭을 묻거들랑, 도성을 함락시키는 저 오디세우스, 라에르테스의 아들로 이타카섬에 살고 있는 그 사람 때문에 장님이 되었노라고 하란 말이다.'

이렇게 내가 말하자, 그는 탄식하면서 대답하여 말하기를,

'아 그게 정말이냐. 마침내 실지로 그 옛날에 들었던 예언이 들어맞았구나. 전에 어떤 점쟁이가 이곳에 있었지. 의젓하고 키가 큰 사나이였는데, 에우리모스의 아들인 텔레모스라는 이름으로 음양술(陰陽術)에 통달해서, 외눈박이 거인들에 대해 점을 치면서 세월을 보냈었지. 그 사나이가 나한테 말하기를, 이런 일이 앞으로 반드시 나한테 닥쳐올 것이라고 했지. 즉 오디세우스란 자에 의해 눈을 잃게 될 것이라고 말이야. 그래 나는 언제나 키가 크고 훌륭한 사나이가 이곳에 올 것이라고 기대하고 있었지, 대단한 무용(武勇)을 가진 대장부가 말이다. 그런데 지금, 작달막하고 볼품도 없으며 힘도 얼마 없는 녀석이 내 눈을 멀게 했구나, 나를 술을 먹여 힘없이 만들어 놓고는 말이다. 하지만 이리 좀 오너라, 오디세우스여, 내 너에게 선물을 줄 터이니. 그리고 세상에 이름 높은, 대

지를 뒤흔드는 큰 신한테 너를 호송해 주십사고 부탁해 줄 테니까. 나는 그 신의 아들이란 말이다. 적어도 나의 부친이라고 자칭하는 그 신만이, 만일 그 신께서 그렇게 원하신다면 몸소 나를 고쳐 주실 게다. 다른 자들은 축복받은 신들도, 죽어야 할 인간들도, 아무도 그렇게는 하지 못하는데 말이다.'(9권)

오디세우스는 교만한 자신의 행동을 후회하지만 너무 늦어버렸다. 우리는 너무 자주 이 잠언을 잊어버린다.

'교만은 패망의 선봉이요 거만한 마음은 넘어짐의 앞잡이니라'(잠 16:18)

심지어 지금은 페이스북이나 인스타그램을 통해 자신을 높이고자 하는 유혹에 쉽게 넘어갈 수 있는 상황에 처해 있다. 오디세우스의 실수가 우리에게 반복되지 않길 깨어 기도하자.

1~4권 : 아들 텔레마코스의 성장이야기
5~12권 : 영웅 오디세우스의 모험이야기
13~24권 : 영웅의 귀향과 최후의 승리이야기

아들 텔레마코스의 성장이야기(1~4권)

그 용사의 이야기를 해 다오. 뮤즈 여신이여. 트로야의 거룩한 도성을 함
락시킨 뒤, 참으로 숱한 나라들을 방황해 온 그 지모(智謀)가 뛰어난 사나
이의 이야기를. 그리하여 숱한 종족이 살고 있는 나라들을 보고 풍속을
배워 임기응변으로 행동하고, 해상에서 무수한 고뇌를 가슴깊이 되씹으
며, 자신의 생명을 지키고, 부하들을 무사히 귀국시키려고 애썼으나 고
생한 보람도 없이 부하들을 구원하지는 못했었다. 어리석은 녀석들이라,
하늘을 거니는 태양신의 소유물인 소들을 잡아먹었으므로, 태양신이 그
들로부터 귀국의 날을 빼앗고, 그들의 어리석은 짓 때문에 스스로 몸을
멸망시켰던 것이다. 그러한 내력 이야기를, 어느 대목부터라도 좋으니
제우스의 따님이신 뮤즈 여신이여, 우리한테도 이야기해 다오.(1권)

트로이 전쟁이 끝나고 많은 그리스의 영웅들이 고향을 향해 떠났다. 그러나 유일하게 10년 째 고통스러운 방랑을 거듭하며 고향에 돌아가지 못하고 있는 오디세우스. 그는 포세이돈의 아들 폴리페모스의 눈을 멀게 한 죄로 고향에 돌아가지 못하고 있다. 신들은 7년째 오디세우스를 억류하고 있는 요정 칼립소에게 그를 놓아주도록 명령한다.

한편 아테네 여신은 오디세우스의 친구 멘토르의 모습으로 변장해 텔레마코스를 찾아가 아버지가 살아 있다고 말하며, 이제 성인이 되었으니 가정의 모든 문제에 대해 아버지를 대신하여 굳건한 마음으로 대처하도록 격려한다. 텔레마코스는 어머니를 괴롭히는 구혼자들에게 흩어지도록 명령하고, 스스로 아버지를 찾아 네스토르와 메넬라오스를 만나러 떠난다. 먼저 네스토르가 있는 필로스로 떠난다.(1~2권)

네스토르는 그를 환대하지만, 오디세우스에 대한 소식은 알지 못했다. 그는 네스토르의 아들 페이시스트라토스와 함께 비교적 최근에 고향에 돌아온 스파르타의 왕 메넬라오스에게 간다.(3권)

텔레마코스 일행은 메넬라오스와 아내 헬레네의 환대를 받는다. 그는 아가멤논과 아이아스의 죽음에 대해서, 또한 아버지가 신들의 노여움으로 바다에서 방랑하고 있다는 이야기를 듣게 된다. 텔레마코스는 다시 고국 이타케로 항해한다. 그러나 거기에는 그를 죽이려는 자들이 기다리고 있었다.(4권)

텔레마코스를 묘사한 동상.

영웅 오디세우스의 모험 이야기 :
알키노스 궁전에 도착한 오디세우스(5~8권)

텔레마코스의 이야기는 잠시 중단되고, 오디세우스의 이야기가 시작된다. 그는 님프 칼립소의 동굴에 7년 째 사로잡혀 있다. 제우스의 뜻에 따라 칼립소는 그를 떠나보낸다. 그녀는 그가 떠날 때 필요한 것들을 준비해 준다. 그는 고향을 향해 출발했으나 포세이돈의 심술로 표류하다가 겨우 육지에 도착했고, 깊은 잠에 빠져들었다.(5권)

그가 도착한 곳은 반인반신 파이아케스족이 사는 스케리에 섬이었다. 그는 벌거벗은 몸으로 자고 있다가 빨래를 하러 나온 나우시카 공주 일행을 만나 도움을 요청한다. 공주는 그에게 옷을 건네주고 친절하게 아버지의 알키노스의 왕궁으로 인도한다.(6권)

1616년경 헨드릭 반 발렌이 그린 유화 <님프 칼립소의 손님 오디세우스>

왕과 왕비는 그를 대접하고, 무사히 집에 가도록 돕겠다고 약속한다. 그는 칼립소의 섬 오기기에 섬을 떠나 표류했던 이야기를 하게 되고, 왕과 왕비는 그가 무사히 집으로 가도록 돕겠다고 약속하고 풍성히 음식을 대접하고 잠자리를 마련해 준다.(7권)

왕은 그를 위해 배를 마련하고 선물을 준비한다. 그리고 그를 위해 경기 대회를 열고, 저녁에 향연이 베풀어진다. 거기서 시인 데모도코스가 하프를 연주하며 노래를 부르는데, 그 노래의 내용은 트로이 성이 무너지고 그리스가 승리하는 이야기였다. 그는 그 노래로 옛 일을 회상하며 눈물을 흘리기 시작했다. 이상하게 여긴 왕은 그의 출신과, 그간에 어떤 일을 했는지, 왜 트로이 전쟁에 대한 노래가 나오면 눈물을 흘리는지 물었다.(8권)

지금까지의 여정을 회고하는
오디세우스(9~12권)

알키노스 왕의 질문에 그는 자신이 이타케의 왕으로 트로이 전쟁을 승리로 이끌었던 장군임을 밝히고, 트로이 전쟁에서 승리한 이후 재난이 가득했던 여정을 이야기한다.

이스마토스섬

먼저 그는 12척의 배에 부하들을 이끌고 트로이 해안을 출발하고 부족한 전리품을 챙기기 위해 키코네스 족이 살고 있는 이스마토스 섬으로 간다. 그러나 부하들이 명령을 어기고 먹고 마시다가 많은 전우들이 전사한다.(9권)

연밥 먹는 사람들의 나라

그리고 본격적으로 출발을 했는데 풍랑을 만나 9일을 풍랑 속에 고생하다가 로토파고이(연밥을 먹는 사람들)족의 나라에 도착한다. 그 곳에서 몇 부하들이 부족민이 권하는 연밥을 먹고 돌아오려고 하지도 않고 귀향할 생각을 전혀 하지 않게 되었다.

… 거기서부터 9일 동안을 저주받은 바람에 날리어 물고기 많은 한 바다 위를 건너갔는데 열흘째에는 연밥을 먹는 나라에 상륙했지요. 그 사람들은 연밥을 먹는 게 상습인 민족이었소. 그래 우리는 육지에 올라 물을 퍼서 실었습니다. 그리고 동지들은 빠른 배 옆에서 곧바로 저녁 식사를 하기 시작했지요. 식사를 마치고 음료도 마시고 나자, 그때 나는 동지들을 파견하여 어떤 인간들이 이 땅에서 곡물을 먹고 사는지, 그것을 조사해 오도록 명령했소. 두 사람을 골라내고, 세째 번 사람은 전령으로 딸려 보냈습니다만. 그들은 이내 출발해서 연밥을 먹는 사람들 사이로 파고들었던 것입니다. 하기는 연밥을 먹는 그들은 우리 동지들에 대해 파멸을 꾀하는 책략을 쓰려고 하지는 않았소만, 아무튼 그들은 연밥을 먹어 보라고 하는 것이었습니다. 그런데 이 꿀처럼 맛있는 연밥을 먹은 부하는, 다시는 돌아오려고도 또 보고하기 위해 귀환하려고도 하지 않았으며, 그저 그렇게 거기서 연밥을 먹는 사람들과 함께 어울려, 연밥을 계속 먹어 댈 것만을 바라고, 귀향할 생각은 전혀 하지 않게 되어 버렸던 것이었소.(9권)

외눈박이 괴물 키클로페스 족의 나라

그들을 억지로 끌고 다시 출발해서 닿은 곳은 외눈박이 괴물 폴리페모스가 사는 나라였다. 먹을 것과 짐승이 풍부한 그 섬에서 일행은 마음껏 먹고 쉬었다. 오디세우스는 그 나라에 어떤 사람들이 사는지 만나보기 위해 포도주를 챙겨 12명의 부하들과 산꼭대기 동굴 쪽으로 들어갔다. 그 동굴에 살던 괴물 폴리페모스는 일행을 보자마자 두 명을 잡아먹었고, 계속 부하들을 잡아먹었다. 그는 괴물이 가져온 몽둥이를 깎고, 빠져나갈 준비를 했다. 그는 자신을 우테이스(아무도 아니라는 뜻)로 소개하고, 그가 돌아왔을 때 포도주를 먹이고 잠든 사이에 눈을 찔렀다.

1세기경 콜로세움 장식의 일부로 사용된 키클로페스족의 머리.

"그렇게 말하기에 나도 다시 반짝반짝 빛나는 포도주를 따라 주었지요. 이렇게 해서 세 번이나 갖다 주었더니. 그는 세 번 다 별 생각도 않고 받아 마시는 것이었습니다. 그래 키클로페스 몸속에 포도주 기운이 돌기 시작했는데, 그때에 나는 마침내 부드러운 목소리로 이렇게 말해 주었지요.

'키클로페스님, 당신께서 나의 세상에 알려진 이름을 물으니 대답하겠습니다만, 그럼 어서 선물을 약속대로 내주시도록 하시오. 우테이스(아무것도 않는다는 뜻)라는 것이 내 이름이며, 나를 가리켜 부모나 다른 동지들이 모두 우테이스라고 부른답니다.'…

그러나 이번에는 이쪽 동굴로부터 힘이 억센 폴리페모스가 이렇게 말하는 것이었습니다.

'여보게 형제들, 우테이스가 나를 죽이려는 거야. 속여서 죽이려는 거고 폭력은 아니다.'

그러자 모두 일의 해결을 지으려는 듯이 대답을 하는 것이었습니다.

'만일 정말 네가 혼자 있으며 아무도 폭력행위를 가하지 않았다면, 그건 무슨 병에 걸린 것이고 제우스 대신이 내려주신 벌이니, 별 도리가 없지 않느냐. 그러니 너도 아버지인 포세이돈 신한테 열심히 빌도록 하는 게 좋겠어.'(9권)

오디세우스 일행은 양들이 동굴을 나갈 때 그 배에 매달려 빠져나온다. 모두가 배에 올라타자 그는 앞을 볼 수 없게 된 폴리페모스를 조롱하며 자신이 지모가 뛰어난 오디세우스라고 뽐낸다. 괴물은 아버지 포세이돈에게 그가 고향으로 돌아가지 못하게 해 달라고 빌며, 일행이 타고 있던 배 쪽으로 큰 바위를 던졌다. 일행은 겨우 빠져나왔다.(9권)

바람의 신 아이올로스의 섬

그들은 바람의 신 아이올로스의 섬에 도착한다. 그 곳에서 한 달 동안 환대를 받으며, 항해를 방해하는 모든 바람을 넣은 주머니를 선물로 받고 절대 열면 안 된다는 부탁과 함께 출항한다. 오직 서풍만으로 순항하게 된다. 주머니에 은금이 들어 있을 거라 생각한 부하들이 그 주머니를 열어보았다가 온갖 바람이 불어 다시 아이올로스의 섬에 되돌아오고 말았다.

'아아, 어쩌면 저분은 어느 도시 어느 나라에 가건, 누구한테서나 호감을 받고 소중하게 대접을 받을까. 저분은 트로아에서 빼앗은 보물이며 훌륭한 물건들을 퍽 많이 가져왔는데, 우리는 똑같은 여행을 하고 지금 고향에 함께 돌아가면서도, 전혀 손에 쥔 것이 없고 선물도 없단 말이야. 이번만 하더라도 아이올로스는 이분한테만 우의(友誼)를 보여 이러한 물건들을 선물하지 않았겠나. 어떻든 말이지, 우선 한번 보도록 하자, 이게 어떤 물건인지, 얼마나 많은 황금과 은이 부대 속에 들어 있는지.'
이렇게 서로 쑥덕거리고 있다가 못된 의견이 그 친구들을 지배하여 가죽 부대를 풀어헤치자, 온갖 방향으로부터의 바람이 거기서부터 불어나와, 그 당장에 모두 울고불고하는 것도 아랑곳없이, 질풍이 고국 땅으로부터 멀리 큰 바다를 향해 휩쓸어갔던 것입니다.(10권)

라이스트리고네스(거인족)의 나라

아이올로스는 화를 내며 그들을 쫓아냈고, 그들은 항해 끝에 라이스트리고네스 사람들이 사는 마을로 가게 되었다. 그 곳은 사람을 잡아먹는 거인들이 사는 곳이었다. 그들이 던진 큰 돌덩이들을 맞아 많은 동료들이 죽고, 배가 파손되고 오디세우스가 타고 있는 배만 남았다.(10권)

키르케의 나라 아이아이에 섬

괴로운 마음으로 가까스로 도착한 곳은 아이아이에 섬이었는데, 그 곳에는 아름답지만 사랑의 상처로 못된 마음을 품고 있는 마녀 키르케가 살고 있었다. 오디세우스 일행 중 일부가 키르케의 성에 갔다가 그녀가 내어 놓은 음식을 먹고 모두 돼지가 되고 말았다. 분대의 지휘관 에우릴로코스가 이 사실을 오디세우스에게 말했고, 그도 키르케의 성관으로 간다. 그는 도중에 헤르메스에게서 마법에 걸리지 않는 약초와 칼을 받고, 키르케를 칼로 위협하며 제압하는 방법을 지시받아 마법에 걸리지 않고, 오히려 그녀와 사랑을 나눈다.

'당신은 이름이 무엇이며 어디에서 오셨나요? 당신 고국

오디세이 풍경화 <오디세우스의 함대에 바위를 던지는 라이스트리고네스>를 모사하여 J. C. 안드레가 그린 단행본 삽화(1902년,《젊은이를 위해 다시 쓰는 전설》)

은 어디며 양친은 어디에 계신가요? 나는 그만 질겁을 해 버렸어요. 이 약초를 마셨는데도 조금도 마술에 걸리시지 않으니 결코 다른 분은 이 요사스러운 약의 작용을 받지 않고는 배기지 못했던 거예요. 누구건 일단 이 약초를 타서 만든 술을 마시고 난 이상은요. 틀림없이 당신은 오디세우스 그이로군요. 저 여러 가지 계책을 잘 알고 계신 바로 그분. 저 황금 지팡이를 가진 아르고스를 죽인 신께서, 그분이 조만간에 올 것이라고 늘 나한테 말씀하셨는데요, 트로야로부터 검은 칠을 한 빠른 배를 타고 귀국하는 도중에 들를 것이라고요. 어쨌든 간에, 자아 이젠 칼집에 칼을 도로 꽂으세요. 그리고 둘이서 내 침대에 오릅시다. 사랑과 잠 속에서 서로 믿는 법을 배울 수 있겠지요.'

그렇게 말했습니다만, 나는 그녀를 향해 이렇게 대답해 주었지요.

'아니 키르케님, 어째서 새삼스레 당신에게 친절하게 하라고 요구하시는 거지요? 내 동지들을 당신 댁에서 돼지로 변신시켜 놓고서도. 게다가 나마저 이곳에 끌고 와 야릇한 계책을 마음속에 꾸며 가지고는 그런 말을 하다니요. 침실로 가서 당신 침대에 오르라니요. 그것도 다른 아무 무기도 가지지 않은 벌거숭이로 만든 다음, 쓸개 빠진, 사내답지 못한 사람으로 만들기 위해서요? 천만의 말씀, 나는 결코 당신 침대 따위에는 오를 생각이 없답니다. 여신님이여, 만약에 당신이 감히 큰 맹세를 해 주시지 않는 이상은. 나한테 대해 이후로는 결코 못된 재앙을 꾸미지 않겠다는 맹세를.'

이렇게 내가 말했더니 여신은 곧 내가 요구한 대로 맹세를 해 주었습니다.(10권)

오디세우스와 사랑을 나누고 마음이 풀린 키르케는 돼지로 변했던 모든 사람의 마법을 풀어준다. 그들은 향연을 즐기며 1년을 그곳에서 지내

고, 키르케의 지시에 따라 미래를 지시 받기 위해 예언자 테이레시아스를 만나러 저승으로 간다.(10권)

하데스의 궁전에서 예언자 테이레시아스를 만남

키르케의 조언에 따라 항해하여 오케아노스의 끝에 이르고, 제물을 바치자 혼백들이 차례로 나타나기 시작했다. 예언자 테이레시아스는 오디세우스의 미래를 다음과 같이 예언한다.

'폴리페모스의 아버지 포세이돈이 원한을 품었기에 갖가지 재난이 닥치겠지만, 부하들을 잘 통제하여 태양신 헬리오스의 소들을 해하지 않는다면 고국에 도착할 것이다. 그러나 귀국한 후에도 여러 사나이들이 아내 페넬로페에게 구혼하며 재산을 털어 먹고 있기에 재난이 기다리고 있을 것이다. 적들을 무찌르고 난 이후에 바다를 모르는 인간들에게 또 가게 될 것이고, 곡식을 까부르는 키를 그대의 어깨 위에 짊어졌다고 말하는 낯선 이를 만나면 제물을 포세이돈에게 바쳐야 한다. 그리고 고향으로 돌아가 큰 제물을 불사의 신들에게 바쳐야 한다. 그러면 행복한 자들에게 둘러싸여 조용하고 다정한 죽음을 맞게 될 것이다.'(11권)

1780~1785년경 헨리 푸셀리가 그린 템페라화 <제물을 바치는 오디세우스에게 나타난 테이레시아스>

테이레시아스가 떠난 후 어머니의 혼령도 만나며, 헤라클레스의 어머니 알크메네, 오이디푸스의 어머니이자 아내인 에피카스테, 아가멤논, 아킬레우스, 파트로클로스, 아이아스, 헤라클레스 등 수많은 혼령들을 만나 인생에 대한 지혜를 얻는다.[11권]

세이레네스 자매들/카리브디스와 스킬레

저승에 다녀온 오디세우스는 다시 키르케의 섬으로 돌아와 식량과 선물을 받고 출발한다. 키르케는 그에게 항해 도중 있을 위기, 노래로 유혹하는 세이레네스 자매들, 바닷물을 빨아들여 소용돌이를 만드는 카리브디스와 머리 여섯 개의 괴물 스킬레 등에 대한 대비책을 자세히 알려준다.

우선 첫째로 당신은 세이레네스한테로 가게 될 거예요. 그 여자들은 모든 사람들을 마술로 속여 넘긴답니다. 그 누구든 자기들에게 접근해 온 사람들을 말입니다. 그래서 어느 사람이든 영문도 모르고 가까이 가서 세이레네스의 소리를 듣기만 하면 이미 그 사람은 고향에 돌아가 자기 아내나 어린 자식들에게 둘러싸여 기쁨을 나눌 수 없게 되고, 다만 그 경우에는 모든 사람에게 명령해서 빨리 달리는 배 속에 당신의 손과 발을 돛대 밑에 꽁꽁 매어 두세요. 그 돛대는 물론, 돛의 밧줄 끝도 단단히 묶어 두어야 합니다. 당신이 세이레네스들의 노래를 듣고 즐길 수 있도록 말입니다. 그래도 당신이 동지들에게 밧줄을 풀어 달라고 간청한다면 동지들은 당신을 더욱 칭칭 묶어 놓아야 하는 거예요.[12권]

그리고 또 다른 쪽 길에는 두 개의 높은 바위 낭떠러지가 있고, 그 한 봉우리는 뾰죽한 꼭대기가 넓은 하늘을 찌르고, 검은 구름이 봉우리를 둘러싸고 떠나는 적이 없으며, 여름철이든 가을이든 맑은 하늘을 그 꼭대기에서 볼 수 없습니다. 또한 죽음의 운명을 지닌 인간의 몸으로선 그 낭떠러지를 기어오를 수도 탈 수도 없답니다. 그 바위는 마치 깎아 다듬어 놓은 듯 매끈매끈하기 때문입니다. 그 바위 낭떠러지 한복판에는 안개가 자욱한 동굴이 있고, 그 입구는 서쪽 어둠의 방향을 보고 있습니다. 그곳을 지나쳐서 배를 곧장 나아가게 두면 됩니다.

명예스러운 오디세우스님. 그러면 배에서 힘이 센 젊은이가 활을 쏜다 하더라도 그 동굴까지는 이르지 못할 것입니다. 그 굴 속에는 스킬레라는 괴물이 무서운 소리로 짖으면서 살고 있습니다. 그 소리는 마치 갓낳은 새끼이리가 짖어 대는 것 같은데, 간사하고 악독한 괴물이기 때문에 그 모습을 보고 좋아할 사람은 하나도 없어요. 만일 신께서 만나보더라도 말입니다.

그 괴물은 12개의 다리를 가지고 있는데 모두가 보기에도 흉한 모습을 하고 있고, 게다가 긴 목이 6개 달려 있고 무서운 머리가 붙어 있습니다. 또한 이빨이 세 줄로 빈틈없이 나 있고 그것이 검은 죽음의 빛을 내고 있지요. 이 괴물은 몸 아래 부분을 굴 속에 숨기고 목만 그 무서운 동굴에서 빼내고 바위 주변을 헤매면서 먹이를 찾는 것입니다. 물표범이나 물개 또는 보다 더 큰 먹이가 없나 하고 찾고 있습니다. 크게 울부짖는 암피트리테(바다의 신인 포세이돈의 아내)는 이런 바다짐승들을 수없이 키우고 있으니까요. 그러기에 그쪽으로는 뱃사람들이 배를 타고서 목숨을 잃지 않고 무사히 빠져나간 일이라고는 한 번도 없으며, 자신을 가진 이도 없답니다. 말하자면 스킬레가 검푸른 뱃머리를 가진 배에서 닥치는 대로 사람들의 머리를 낚아 채 가기 때문입니다.

날개를 접고 거문고를 연주하며 죽은 자를 한탄하는 세이레네스의 대리석 동상(BC 370년).

다른 한편에 있는 바위는, 오디세우스님 당신도 보시겠지만 퍽 낮은 것입니다. 그리고 두 바위 사이의 거리는 화살을 쏘아 맞힐 수 있을 정도로 가깝지요. 그 바위에는 큰 무화과나무가 있고, 가지와 잎이 무성한 그 아래에는 검은 물을 빨아들이는 괴물 카리브디스가 있습니다. 날마다 세 번씩 물을 토해 내고는 다시 세 번 무서운 힘으로 빨아들이는. 그러기에 당신은 그것이 물을 빨아들일 때에 그 장소에 가서는 안 됩니다. 그렇게 되면 대지를 뒤흔든다는 신조차 당신을 화근에서 구해 내지는 못할 것입니다. 그러니 도리어 스킬레가 있는 바위에 배를 접근시켜, 그 옆을 재빨리 빠져 나가야 합니다. 왜냐하면 그편이 훨씬 수월하니까요. 배 속의 여섯 동지들을 잃고 안타까워하는 편이 한 번에 모든 동지를 잃기보다는 나으니까요.(12권)

그는 남은 일행에게 대비책에 대해 자세히 나누며 자신을 돛대에 묶어 세이레네스의 노래와 듣고 싶은 이야기를 듣고 싶어도 끌려가지 않게 하고, 선원들의 귀에는 밀랍을 발라 노래를 듣지 못하게 해 유혹을 넘어간다. 이후 피해를 최소화하기 위해 카리브디스를 피해가다가 스킬레에게 여섯 명의 일행을 잃는다.(12권)

태양신 헬리오스의 섬

그들은 태양신 헬리오스의 섬에 도착한다. 바람이 불지 않아 한 달을 머무는 사이에 부하들은 결국 배고픔에 태양신의 소를 잡아먹게 된다. 그들은 바다로 나가 항해를 했으나, 돌풍이 불어 모든 일행이 죽고 말았다. 혼자가 된 오디세우스는 칼립소의 섬에 가게 되었던 것이다. 그는 여기까지 알키노스 왕 앞에서 회고를 마쳤다.(12권)

영웅의 귀향과
최후의 승리 이야기 (13~24권)

표류담을 들은 사람들은 모두 감동하고, 알키노스 왕은 앞으로 더 이상 유랑하는 일이 없이 고향에 도착할 것이라 말한다. 왕은 많은 선물과 함께 그를 이타케 섬으로 보낸다. 그는 잠든 채 무사히 고향에 도착한다. 그는 거지로 변장하여 돼지치기 에우마이오스에게 간다.(13권)

인정 많은 에우마이오스는 음식을 대접한다. 그는 자신의 모험담을 그럴 듯하게 바꿔서, 자신은 크레타 출신 귀족이었는데 노예로 팔렸다가 지독한 고생 끝에 탈출했다고 속인다. 그리고 자신이 여기에 오는 동안 오디세우스의 소문도 들었다고 둘러댔다.(14권)

이 때 텔레마코스가 메넬라오스를 떠나 이타케로 돌아온다. 오디세우스는 돼지치기를 떠보며 여러 질문으로 고향의 상황을 듣는다.(15권)

드디어 아버지와 아들이 돼지치기 오두막에서 만난다. 그러나 그들은 서로를 알아보지 못하고 식사를 같이 하며 고향의 상황에 대해 대화만 나눈다. 텔레마코스는 자신의 도착을 알리기 위해 돼지치기를 어머니에게 보냈다. 둘만 남게 되자 아테네 여신이 오디세우스를 원래의 모습으로 돌리고, 그는 아들에게 자신의 신분을 밝힌다. 두 사람은 눈물로 재회하며, 나라를 정상화시킬 대책을 논의한다. 오디세우스의 정체에 대해서는 숨기기로 한다. 텔레마코스가 돌아온 것을 알게 된 구혼자들은 그를 죽이려는 계략을 세운다.(16권)

텔레마코스가 아버지와 계획을 상의하고 먼저 집으로 가고, 오디세우스도 다시 거지차림으로 드디어 집으로 간다. 아들은 어머니에게 가서 아버지도 곧 돌아올 것이라며 위로한다. 오디세우스가 집에 도착하자 그가 기르던 개 아르고스는 그를 즉시 알아본다. 오디세우스가 성에 들어가자 구혼자 중 하나인 안티노스가 그를 모욕하지만 참아낸다. 페넬로페는 거지 행색의 남자가 귀한 사람일 거라 생각하고 그와 대화하려 하지만, 그는 대화를 뒤로 미룬다.(17권)

구혼자들이 모인 연회장에 한 거지가 와서 오디세우스를 자기와 같은 신분으로 보고 싸움을 건다. 결국 거지는 두들겨 맞고 도망간다. 페넬로페는 손님을 모욕한 일에 대해 사람들을 비난하며, 구혼자들도 이렇게 잔치로 재산을 축내지 말고 선물을 가져오라고 요청한다. 구혼자들은 가무를 즐기고, 오디세우스는 그들과 말다툼을 벌인다.(18권)

오디세우스는 어떻게 적들을 물리칠까에 대해 홀에 남아 아들과 의논하고, 모든 무기를 다른 곳으로 숨긴다. 그리고 자신의 신분을 숨기고 아내를 만난다. 그녀는 자신의 어려움을 토로하고, 더 이상 버티는 것은 불가능하다고 눈물 짓는다. 오디세우스는 남편에 대한 소문을 들었으며, 곧 돌아와서 구혼자들을 무찌를 것이라고 위로한다. 아내는 하녀들에게 그를 위한 잠자리를 준비해 달라고 부탁한다. 먼저 그의 발을 씻기던 유모가 그가 어렸을 때 멧돼지에 물렸던 상처를 알아보고 주인임을 눈치 챈다. 그는 입단속을 시킨다. 그의 아내는 남편을 알아보지 못한 채 슬픔으로 한탄하며 한 꿈에 대해 이야기한다. 자기 집에 있던 거위 스무 마리를 솔개가 날아와 죽였는데, 그 솔개는 돌아온 남편이었다는 꿈이었다. 오디세우스는 꿈대로 될 것이라고 말해 준다. 아내는 남편이 쓰던 활로 활쏘기 시합을 해서 열 두 개의 도끼 구멍의 과녁을 다 뚫는 분을 따라 떠날 것이라고 슬프게 말하며, 오디세우스는 남편이 곧 올 것이라고 말한다. 그리고 모두 잠자리에 든다.(19권)

다음 날 아들 텔레마코스는 창을 들고 고을로 떠나고 유모는 청소를 한다. 구혼자들과 집안의 하인들까지 고향에 돌아오지 못한 주인 오디세우스를 비웃는다.(20권)

아내 페넬로페는 남편이 아버지에게 물려받은 활과 무쇠 도끼를 가져오게 한다. 그리고 열 두 개의 도끼를 나란히 놓고, 활을 쏴서 모든 도끼자루에 구멍을 뚫는 사람과 결혼하겠다고 선언한다. 텔레마코스가 시도하지만 실패하고, 차례로 구혼자들도 다 실패하고 유력한 신랑 후보 안티노스와 에루리마코스도 실패한다. 그러는 중에 오디세우스는 소치기와 돼지치기를 데리고 나가 일단 그들에게 자신이 주인임을 밝힌다. 그리고 난 후 자신이 활을 쏴 보겠다고 선언한다. 오디세우스는 아무도 못 나가게 문을 다 닫게 하고 화살로 구멍을 모두 뚫어버렸다.(21권)

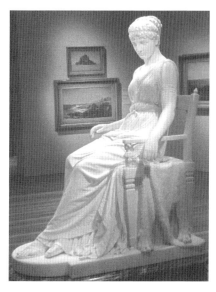

이어 오디세우스는 화살로 안티노스를 쏴 죽이고, 자신이 오디세우스임을 밝힌 후 잇달아 활과 검으로 구혼자들을 쓰러트렸다. 집 안에서 내통한 자들도 모두 처

프랭클린 시몬스가 1896년 대리석으로 조각한 페넬로페이아.

벌을 당하고, 오디세우스는 시녀들에게 집안을 청소하게 한다.(22권)

늙은 시녀가 페넬로페에게 오디세우스가 돌아와서 모든 구혼자들을 물리쳤다는 것을 알린다. 그녀는 믿지 못한다. 그러나 아내는 침실 침대의 비밀을 알고 있는 남편을 알아보고 서로에게 있었던 사랑의 재회를 한다. 오디세우스는 앞으로 많은 고난을 극복해야 한다는 예언자 테이레시아스의 말을 아내에게 전한다. 그는 손에 맞는 노 하나를 들고 바다를 전혀 모를 뿐더러 소금이 든 음식을 먹지 않는 사람들에게 이를 때까지 인간들의 수많은 도시로 가라는 예언을 받았었기 때문이다. 그는 아들과 함께 무장하고 다시 고을 밖으로 나갔다.(23권)

헤르메스 신은 죽은 구혼자들의 망령을 저승으로 데려가고, 그들은 트로이 전쟁에서 죽었던 아킬레우스, 파트로클로스, 아이아스 등 장수들의 혼령을 만난다. 저승에서 아가멤논의 혼령이 아킬레우스의 혼령과 트로이 전쟁에 대해 회고한다. 오디세우스는 자신의 그 흉터를 보여주며 늙은 아버지를 상봉하고, 복수심에 불타서 들이닥친 구혼자들의 친척들을 대항한다. 늙은 아버지 라에르테스 노인이 안티노스의 아버지를 쓰러트린다. 그러나 아테네의 중재로 오디세우스는 구혼자들의 남은 가족들과 화해의 서약을 맺고 작품은 마무리된다.(24권)

05장

피 할 수 없 는
비 극 으 로 가 득 한 인 생

소포클레스《소포클레스 비극》

(번역본 : 천병희 역, 도서출판 숲)

이야기들과 그것들을 전달하는 문학양식들 :
서사시, 서정시, 비극

우리나라에도 단군신화를 비롯하여 신화와 영웅담들이 전해 내려온다. 어느 대륙이나 사람이 모여서 문명이 발달하다 보면, 세상의 시작과 인류의 기원에 대한 신화가 발생한다. 과거의 사건들이나 영웅들을 다룬 다양한 이야기들이 인생의 교훈을 담아 구전된다. 인간은 누구나 세상과 자신의 기원을 미칠 듯이 궁금해 하며, 과거 조상들의 이야기에서 인생의 교훈을 찾는다. 에게해 주변으로 발달한 고대 그리스 문명(크레타 문명, 미케네 문명 등)에도 수많은 전설과 민담들이 있었다(기원전 13세기 이전). 도시가 발달하며 문화가 성장하면 그 과거의 이야기들을 전달하는 문학 양식이 발달하게 된다. 고대 그리스에서는 이런 현상이 특별히 두드러졌다. 이스라

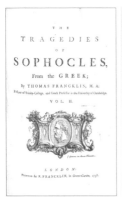

토머스 프랭클린이 번역한 《소포클레스 비극》(좌)
《소포클레스 비극 전집》(천병희 역, 2008년, 도서출판 숲)(우)

엘과 유다가 하나님을 배반하고 차례로 앗수르와 바벨론에 멸망하던 시기는 고대 그리스의 전성기였다. 기원전 8~5세기 정도에 정교한 문학양식들이 발달했는데, 바로 서사시, 서정시에 이어 비극이 발달했다.

고대 그리스 문학양식 중 가장 먼저 나타난 것은 서사시다. 주로 과거의 영웅담을 일정한 운율을 가진 문장으로 전달하는 문학양식이었다. 호메로스의 《일리아스》와 《오디세이아》가 대표적이다(기원전 8~7세기 경). 주로 현악기와 더불어 대중들에게 전달되었다. 주로 영웅의 비극적인 운명, 나라의 흥망성쇠 등 공동체적인 주제가 다뤄진다. 다음으로 서정시가 발달했는데, 개인적인 사랑의 감정 등 서사시보다 소소한 주제들이 다뤄진다(기원전 6세기 경). 이후 비극이라는 독특한 문학양식이 등장한다.

그리스 비극의 3대 작가 중 하나인 소포클레스

기원전 5세기에 접어들어 비극이라는 문학양식이 전성기를 맞는다. 고대 그리스 비극은 슬픈 결말을 가진 소설이나 드라마를 말하는 것이 아니다. 우리에게 전해지는 그리스 비극은 일종의 코러스가 있는 연극대본이다. 즉, 극장에서 축제를 하면서 합창단(코러스)을 두고 배우들이 두세 명 등장하여 이야기를 진행시키는 지금의 뮤지컬에 가까운 대본이다. 물론 내용 측면에서도 주로 슬픈 내용이 많긴 하다. 신의 저주에 의한 인간의 운명에 대해 주인공이 갈등하고 고뇌하는 작품으로 대부분 비극적으로 끝난다. 원래 비극이라는 말은 염소의 노래라는 뜻으로, 술과 축제의 신 디오니소스 종교축제에서 염소를 제물로 바치면서 진행된 코러스의 공연 형태에서 발달했다고 알려져 있다.

소위 3대 비극작가 아이스킬로스, 소포클레스, 에우리피데스가 남긴 비극 작품들이 유명하다. 그들이 남긴 작품들은 대부분 고대 그리스의 두 가지 큰 축인 트로이 전쟁과 테베의 오이디푸스 왕과 관련된 이야기에서 파생된 것들이다. 세 작가들의 작품은 내용 면에서 겹치는 것들도 많다. 이들을 통해 본격적으로 고대 그리스 신화가 다양한 방식으로 전파되었을 것이다. 우리가 서사시를 읽을 때는 송강 정철의 《사미인곡》 같은 작품을 읽는 느낌이 들 것이고, 비극 작품들을 읽을 때는 셰익스피어의 희곡을 읽는 것 같은 착각에 빠질 수 있다. 성경으로 말하자면 신랑과 신부와 코러스의 대화로 구성된 구약 아가서가 내용상으로는 비극이 아니지만, 코러스를 둔 그리스 비극과 가장 유사한 형식을 가지고 있다.

푸쉬킨박물관에 위치한 소포클레스의 흉상 주물.

3대 비극작가 중 한 명인 소포클레스(BC 496~406)는 총 123편의 비극작품을 썼다고 하는데, 지금 남아 있는 것은 7편 뿐이다. 《오이디푸스 왕》 《안티고네》 《콜로노스의 오이디푸스》 《아이아스》 《트라키스의 여인들》 《엘렉트라》 《필록테테스》. 이 작품들을 통해 우리는 서사시와는 또 다른 감동과 셰익스피어의 대사들과 같은 놀라운 대사들을 보게 될 것이다. 소포클레스를 비롯하여 그리스 비극 작가들이 다룬 주제는 대부분 신화에서 유래한다.

그 중에서 우리는 두 가문의 이야기에 주목해야 한다. 트로이 전쟁의 총사령관 미케네의 아가멤논 왕 가문과 테베의 오이디푸스 왕 가문의 이야기다. 아가멤논의 조상 '탄탈로스 가문'과 오이디푸스의 조상 '카드모스

가문'의 이야기는 모두 신들의 저주와 관련되어 있다. 소포클레스 비극전집의 첫 세 작품은 카드모스 가문의 저주를 타고난 오이디푸스 왕 이야기에서 기원하며, 나머지 네 작품은 탄탈루스 가문의 저주를 타고난 아가멤논 왕이 참전한 트로이 전쟁을 다룬다.

고대 그리스인들은 인간이 직면하는 비극적 운명들의 원인이 바로 신들의 저주라는 관점을 가지고 있었다. 그래서 작품들은 주로 그 저주에 빠진 영웅들과 그 저주를 극복해 나가려는 의지, 그럼에도 불구하고 운명의 사슬에서 벗어나지 못하고 파멸하는 인간의 모습을 다룬다. 그 안에서 청중들은 공감과 카타르시스를 느낀다. 이 두 가문의 이야기를 살펴보고, 이어서 소포클레스의 비극을 이해해 보도록 하자.

그리스 비극의 배경 신화 :
탄탈로스 가문의 저주(아가멤논 가문의 비극)

스파르타의 왕 메넬라오스가 빼앗긴 지상 최고의 미녀 헬레네를 찾아주기 위해 트로이 전쟁이 시작된다. 그의 형 아가멤논은 그리스 연합군의 총사령관이 되어 트로이 전쟁에 나아가는 과정에서 항해에 필요한 바람이 불지 않자, 딸(이피게네이아)을 신들에게 제물로 바친다. 여기에 원한을 품은 그의 아내 클리타임네스트라는 전쟁이 끝나자마자 금의환향한 남편(아가멤논)을 정부(아이기스토스)와 공모하여 죽인다. 이는 자신의 딸(이피게네이아)을 제물로 바친 복수였다. 자신의 아버지(아가멤논)를 죽인 어머니(클리타임네스트라)와 삼촌이자 어머니의 정부(아이기스토스)에게 복수하는 아들(오레스테스)과 딸(엘렉트라)까지 끊이지 않는 전쟁과 복수의 이야기가 이어지는 가문이 바로 탄탈로스 가문이다.

  제우스와 님프 사이에서 태어난 탄탈로스는 제우스의 사랑을 받으며 신들의 잔치에 초대되어 신들의 음식(암브로시아)과 음료(넥타르)를 마시는 호사를 누렸다. 그는 후에 신들을 집에 초대할 수 있게 되었는데, 세상에서 맛볼 수 없는 진귀한 음식을 대접하여 신들을 놀라게 하려는 욕망에 아들 펠롭스를 요리하여 신들에게 주었다. 신들은 크게 진노하여 탄탈로스를 저주했다. 신들은 이미 먹은 어깨 부분만 대체하여 펠롭스를 부활시켰다. 아들을 요리한 아버지 탄탈로스는 지하 감옥에서 영원한 형벌에 고통당한다. 그는 맑은 물이 가슴까지 차 있고 과일이 주렁주렁한 나뭇가지가 바로 머리 위에 있지만, 물을 마시거나 과일을 먹으려 하면 물과 나뭇가지가 멀어져 영원한 갈증과 허기에 시달리는 무시무시한 형벌을 받는다. 신들의 음식과 음료를 누리고 그것을 자랑하다 못해, 신들에게 자식을 요리하여 먹이는 극단적인 욕망과 쾌락을 추구하다가 영원한 저주를 받은 탄탈로스는 하나님을 버린 인간의 조상이라고 해도 무리가 없다. 선악과를 따먹고 에덴에서 쫓겨나 자녀들을 낳고 형제 간 살인이 일어나며, 그 후손이 서로를 상처 입히고 죽이는 일은 성경에서도 찾아볼 수 있는 이야기다.

지오아치노 아세레토가 1630~1640년 경에 그린 유화 <탄탈로스>

  이렇게 시작된 저주는 탄탈로스의 아들 펠롭스에게 이어진다. 그는 매우 아름다운 여인 히포다메이아를 사랑하는데, 누구도 따라잡을 수 없는 전차의 주인인 그녀의 아버지는 결혼을 하려면 전차 경주에서 자신을 이겨야 한다는 조건을 달았다. 이미 히포다메이아의 구혼자들이 죽어 그녀의 아버지의 방에는 구혼자들의 해골이 즐비했다. 펠롭스는 장인의 마부를 매수한다. 마부는 마차를 고장나게 해서 장인을 죽이고 히포다메이아와 결혼했다. 그는 마부에게 자기 아내와 첫날밤을 보내게 해 주겠다는 약속을 했지만 마차에서 그를 밀어 죽여버렸다. 마부는 헤르메스의 아들이었고, 거짓을 일삼은 펠롭스에게도 저주가 내리게 된다.

펠롭스의 두 아들 아트레우스와 티에스테스는 헤르메스의 저주로 왕자의 난을 일으킨다. 다툼 끝에 왕권은 아트레우스가 차지한다. 그는 불안한 마음에 도망간 동생의 두 아들을 죽여 요리했고, 동생을 초대하여 먹게 했다. 동생 티에스테스는 복수의 칼을 간다. 이렇게 잔인한 아트레우스의 아들들은 그 유명한 아가멤논과 메넬라오스다. 메넬라오스는 아내 헬레네를 트로이의 파리스에게 빼앗기고, 형 아가멤논은 동생의 복수를 위해 트로이 전쟁을 일으켜 수많은 이들이 죽는 비극이 벌어진다. 트로이 전쟁에 출정하려는 그리스군은 바람이 불지 않아 출정하지 못하게 되고, 아가멤논 왕은 딸을 신에게 바쳤다가 아내와 정부에게 죽임을 당한다. 여기에서 아가멤논을 죽인 정부 아이기스토스가 바로 아트레우스의 동생 티에스테스의 아들이다. 아트레우스에 대한 티에스테스의 복수가 이루어진 셈이다. 아버지가 딸을 제물로 바치고, 어머니가 아버지를 죽이는 불행한 운명에 처한 자녀들 오레스테스와 엘렉트라는 어머니와 정부를 죽이게 된다. 이것이 바로 탄탈로스 가문의 저주다.

폼페이 메난드로스의 집에 그려진 벽화 <트로이에서 헬레네를 붙잡은 메넬라오스>

욕망을 위해 아들을 요리한 탄탈로스 – 미녀와 결혼하고자 하는 욕망을 위해 장인과 마부를 죽인 펠롭스 – 권력을 위해 동생의 아들들을 죽여 요리한 아트레우스 – 전쟁에서 이기기 위해 딸을 제물로 바친 아가멤논으로 이어지는 왕족 가문의 저주. 인간은 끊임없이 탐욕을 추구하고, 신들은 이것에 대해 저주하고, 그것이 가문의 불행한 운명을 만든다. 이것이 그리스 비극의 기본적인 골격이다.

그리스 비극의 배경 신화 :
카드모스 가문의 저주

신의 저주를 넘어서기 위해 분투하지만 자신도 모르는 사이에 신의 저주가 실현되어 아버지를 죽이고 어머니와 결혼하여 테베의 왕이 된 오이디푸스의 비극은 너무나 많이 알려져서 말하면 입이 아플 정도다.

아레스 신의 뱀을 죽인 죄로 신의 저주를 풀기 위해 뱀이 되는 테베의 시조 카드모스, 아버지(라이오스)를 죽일 것이라는 신탁을 받아 어렸을 때 버려져 코린토스에서 양부모에게서 자라다가 결국 피할 수 없는 운명과 폭력성으로 아버지를 죽이고 테베의 왕이 되는 오이디푸스, 죽은 남편을 대신해 왕이 된 아들과 결혼했다는 자신의 비극적 운명을 알게 되어 죽음을 선택한 오이디푸스의 어머니이자 아내 이오카스테, 오이디푸스 이후 왕좌를 차지하기 위해 싸우는 에테오클레스와 폴리네이케스 형제, 아버지(오이디푸스)의 비극과 두 오빠(에테오클레스와 폴리네이케스)의 전쟁과 죽음, 이 과정에서 온갖 정신적 고통 속에 감옥에서 비극적 죽음을 선택하는 안티고네의 이야기가 이어지는 가문이 바로 카드모스 가문이다.

　카드모스 집안의 저주는 카드모스의 아버지 아게노르와 그의 형 벨로스에게서 시작된다. 그들은 바다의 신 포세이돈과 리비아의 아들이었다. 먼저 형 벨로스 집안의 이야기다. 벨로스는 미래의 평화를 위해 두 아들 다나오스와 아이깁토스에게 각각 리비아와 이집트를 준다. 아들만 50명이었던 아이깁토스는 딸만 50명이었던 형제 다나오스에게 자신들의 아들들과 딸들을 모두 결혼시키자고 제안한다. 딸만 50명이었던 다나오스는 결국 아이깁토스의 아들들에게 나라를 빼앗기는 것이라 생각하고, 결혼하면 딸들이 남편들에게 죽는다는 아테네 여신의 신탁까지 받아 결혼을 거부하고 도망친다. 아이깁토스는 다나오스의 딸들이 도망간 도시를 포위하고, 물이 부족해져서 견딜 수 없었던 다나오스와 딸들은 결혼할 수밖에 없게 된다. 다나오스는 딸들에게 남편들이 죽이려 할 경우를 대비하라며 칼을 주어 결혼을 시킨다. 그러나 반대의 일이 벌어진다. 죽음을 두려워한 다나오스의 딸들이 한 명만 제외하고 49명의 남편들을 죽인다. 결국 권력에 대한 욕망, 권력을 빼앗길 것에 대한 두려움이 두 형제의 50명의 아들과 딸들을 비극으로 몰고 갔으며, 남편들을 죽인 다나오스의 49명의 딸들은 사후에 구멍이 뚫린 독에 물을 길어야 하는 영원한 형벌에 시달린다.

헨드릭 골치우스가 1573~1617년경에 그린 유화 <용을 물리치는 카드모스>

　카드모스의 아버지 아게노르는 페니키아의 왕이었다. 그의 아름다운 딸 에우로페는 제우스의 마음을 사로잡았고, 제우스는 소로 변신하여 에우로페에게 접근하여 그녀를 등에 태우고 크레타 섬으로 달아나 사랑을 나눈다. 그 사이에서 크레타(미노스)문명을 세운 미노스 왕이 태어난다. 아게노르는 딸을 잃어버리고 아들들을 통해 찾던 중 하얀 암소를 찾아 풀어 놓고 그 암소가 주저앉는 곳에 나라를 세우라는 신탁을 받고, 아들 카드모스가 암소를 찾아 도시를 건설하게 되는데 그 나라가 바로 테베다. 카드모스는 도시를 건설하기에 앞서 아테네 여신에게 제물을 바치려다가 물을 찾기 위해 동굴에 들어가게 되고, 아레스 신의 뱀을 죽이게 된다. 뱀의 이빨을 뽑아 던지니 병사들이 되었고, 그들 중에 다섯이 살아남아 카드모스와 함께 나라를 만들게 된다. 자신의 뱀을 잃어버린 아레스 신은 분노하여 카드모스에게 저주를 내리게 된다. 아프로디테의 딸인 하르모니아와 결혼한 카드모스는 신의 저주를 풀기 위해 아내와 함께 뱀이 되지만, 저주는 후대로 계속 이어진다.

영원한 갈증과 허기에 시달리는
탄탈루스적 운명과 예수 그리스도

고대 그리스 비극은 대부분 인간의 운명에 대해 다룬다. 자신의 욕망을 위해 아들을 요리하여 신들에게 대접하는 극단적인 악을 보여주다가 영원한 갈증과 허기에 처하는 탄탈루스의 운명이 그리스 비극에 등장하는 모든 인물들의 운명이다. 쾌락, 권력, 부와 명성에 대한 욕망, 그 욕망을 이루기 위해 온갖 죄를 저지르다가 불행한 운명에 빠지는 비극 이야기들이다. 성경에도 남자를 통해 만족을 얻으려하지만 계속 목마른 사마리아 여인, 아무리 지식과 권력을 쌓아도 진정한 영생의 길을 찾지 못한 니고데모, 비난에 불구하고 돈에 목숨을 걸었지만 결국 만족할 수 없는 영혼의 허기에 시달리는 어리석은 부자와 삭개오의 모습에 그대로 등장한다. 하나님 없는 인간은 이렇게 본질적인 죄의 결과에 시달리게 된다. 외로움과 허무함과 두려움을 채우려는 반복되는 죄로 인해 모두가 불행한 운명에 처한다.

생텍쥐페리의 《어린 왕자》에 보면 외로움 속에 여러 별을 거쳐 지구에

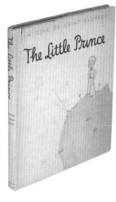

1943년 발행된 생텍쥐페리의
《어린 왕자》 초판.

도착한 어린 왕자에게 뱀이 이렇게 말한다. '사람들과 같이 있어도 외롭기는 마찬가지야' 사람들은 고독감, 허무함을 이겨내기 위해 사람들을 만나지만, 누구와 같이 있어도 외롭고, 무엇을 해도 허무하고, 아무리 미래를 준비해도 두려움을 느끼며 살아갈 수밖에 없다.

만족을 위해 애쓰지만 영원히 허기와 갈증을 느낄 수밖에 없는 탄탈루스적 인간, 예수님을 통해 하나님을 만나기 전의 모든 인간들이 바로 탄탈루스적 운명을 가진 인간들이다. 이것이 바로 아담적 실존이며, 아버지의 집을 떠난 아들의 운명이다.

단테의 《신곡》에서 트로이 전쟁의 원흉인 파리스와 헬레네는 색욕의 지옥에 있다. 쾌락에 대한 욕망이야말로 수많은 이들을 죽인 트로이 전쟁의 원인이다. 헬레네를 빼앗긴 동생 메넬라오스에 대한 복수를 위해 트로이 전쟁을 계획하고 밀어붙인 아가멤논 왕. 그는 복수와 권력과 승리를 위해 딸을 희생시킨다. 아가멤논을 죽이고 권력의 자리에 오르기 위해 계략을 꾸민 사촌 아이기스토스, 아버지를 죽인 복수를 위해 어머니와 그녀의 정부를 죽이는 오레스테스와 엘렉트라 남매. 쾌락, 권력, 복수 등이 이루어낸 한 가정의 파괴를 보라. 엘렉트라의 고뇌와 비극적 삶은 선악과를 따 먹고 자신의 욕망대로 살아가는 인간이 스스로 처하게 되는 비극적인 운명이다.

정부와 함께 아버지를 죽인 어머니에게 복수의 칼을 갈고 있는 엘렉트라의 비탄의 독백을 보자. 우리 모두는 자신의 죄로 인해 처한 운명으로 이러한 비탄의 독백을 내뱉고 있지 않은가?

(엘렉트라) 오오, 신성한 햇빛이여,

그리고 대지만큼이나 넓은 대기여,

어두운 밤이 물러갈 때마다

너희들은 내 탄식의 노래와

멍든 내 가슴을 사정없이 후려치는

소리를 얼마나 자주 들었던가!

하지만 내 밤잔치는 고통으로 가득 찬

저 집에 있는 내 비참한 침상이 잘 알지요,

불쌍하신 우리 아버지를 위해 내가

얼마나 우는지.(86-95행)

이것이 바로 생명나무의 열매를 먹지 못하는 인간들의 운명이다.

'아담에게 이르시되 네가 네 아내의 말을 듣고 내가 네가 먹지 말라 한 나무의 열매를 먹었은즉 땅은 너로 말미암아 저주를 받고 … 여호와 하나님이 에덴 동산에서 그를 내보내어 그의 근원이 된 땅을 갈게 하시니라 이같이 하나님이 그 사람을 쫓아내시고 에덴 동산 동쪽에 그룹들과 두루 도는 불 칼을 두어 생명 나무의 길을 지키게 하시니라'(창 3:17, 23-24)

하나님을 떠난 모든 인간들은 이러한 운명에서 벗어날 수 없다. 고대 그리스인들은 이러한 인간의 운명에 대해 깊은 성찰을 보여준다. 물론 그들은 이러한 운명의 원인에 대해 알 수 없었기에 신의 저주라는 세계관을 창조해냈던 것이다. 복음은 바로 탄탈루스적 운명, 아담적 실존에 처한 인간에게 다시 생명, 새 생명이 된다. 비극적 운명에서 벗어나 하나님의 참된 복을 누리는 삶을 선물하는 이야기다. 예수님께서는 자신이 생명의 떡이며, 영원히 목마르지 않는 생수를 줄 것이라고 약속하신다.

> '내가 진실로 진실로 너희에게 이르노니 내 말을 듣고 또 나 보내신 이
> 를 믿는 자는 영생을 얻었고 심판에 이르지 아니하나니 사망에서 생명
> 으로 옮겼느니라'(요 5:24)

예수님을 만나 하나님과의 교제 속에 살아갈 때, 인간은 모든 운명의 고통에서 벗어날 수 있다. 영혼이 영원히 만족하는 새로운 생명을 누리며 살아가고, 죽음 이후에도 영원히 그 생명을 누릴 수 있다. 복음은 그리스 비극이 제기하는 모든 문제들의 정답과 해결책이다.

오이디푸스적 인물 사울, 반오이디푸스적 인물 다윗

오이디푸스 왕은 성장하여 자신에게 아버지를 죽이는 저주스런 운명이 주어져 있다는 것을 알게 된다. 그는 그 운명을 피하려고 방랑의 길로 접어들었으나, 그 방랑의 길이 아버지를 죽이는 아이러니한 운명의 소용돌이 속에 빠져들게 된다. 그는 열심히 테베를 다스리지만, 역병으로 백성들도 희생된다. 어머니이자 아내도 자식들도 모두 죽게 만드는 비극의 주

1798년 풀크란-진 해리엇이 그린 유화 <콜로누스의 오이디푸스>

인공이 된다. 운명을 피하려고 하지만 운명의 깊은 수렁 속으로 빠져들 수밖에 없는 오이디푸스이다.

이스라엘의 초대 왕 사울은 하나님께 버림 받고 권력을 빼앗길 운명을 피하려 하지만 권력을 지키려는 모든 행동이 결국 자신을 죽음으로 몰고 간다. 이런 의미에서 그는 오이디푸스적 인물이다. 그는 선지자 사무엘의 책망을 통해 권력을 빼앗길지도 모른다는 운명을 강하게 느낀다. 권력을 보호하려는 그의 열심, 자신에게 주어질지 모르는 비극적 운명에 대한 강력한 저항은 오히려 그를 점점 더 망친다. 충신 다윗과 다윗을 지지하는 자녀들이 다 그의 원수가 된다. 그는 백성들을 위한 일, 즉 블레셋의 골리앗과 싸우는 일보다, 자신의 권력을 위해 충신 다윗을 죽이는 일에 더욱 힘쓰게 된다. 아말렉과의 전쟁에서도 물질에 눈이 어두워 하나님의 명령을 어긴다. 권력과 재물을 위한 욕망은 오히려 그가 감지했던 운명의 희생자가 되게 만든다. 그가 백성을 위해 싸우고 재물에 욕심을 두지 않았다면 그의 운명은 바뀌었을 것이다.

반면 다윗은 반오이디푸스적인 인물이다. 그는 불행한 운명의 희생자가 될 것이라는 운명의식에서 자유하다. 그는 하나님께서 자신의 목자임을 노래한다. 하나님의 영광을 위해 기꺼이 이스라엘 백성들을 대신하여 골리앗과 맞선다. 정의와 공의로 나라를 다스린다. 그는 반역자들을 처형하기보다 관대하다. 그는 왕권 강화보다 하나님의 말씀으로 나라를 세워가고, 사사시대와 선대 왕 사울이 하지 못했던 일들을 감당한다. 하나님은 그의 왕권을 지키시고, 영원한 왕권을 약속하신다. 운명에 대한 의식보다, 하나님의 말씀과 그분의 주권에 대한 강력한 확신이 그로 하여금 진정으로 복된 인생을 살게 한다. 다윗은 불행한 권력자의 운명에서 벗어나 하나님을 찬양한다.

> '여호와께서 다윗을 모든 원수의 손과 사울의 손에서 구원하신 그 날에 다윗이 이 노래의 말씀으로 여호와께 아뢰어 이르되 여호와는 나의 반석이시요 나의 요새시요 나를 위하여 나를 건지시는 자시요 내가 피할 나의 반석의 하나님이시요 나의 방패시요 나의 구원의 뿔이시요 나의 높은 망대시요 그에게 피할 나의 피난처시요 나의 구원자시라 나를 폭력에서 구원하셨도다'(삼하 22:1-3)

비극적인 운명을 인식하고 피하려 했던 오이디푸스처럼 우리는 하나님을 멀리하고 스스로 재물을 쌓으면서 불행한 운명을 피하려 하지 않는가? 그리스 비극 속에서 불행한 운명은 피하려 할수록 더욱 우리 가까이 다가와 우리를 소용돌이로 끓고 가는 괴물이다. 오히려 성령 안에 있을 때 불행한 운명에서 자유하며, 하나님을 가까이 할 때 하나님 나라의 영원한 소망이 우리에게 찾아오는 것이다.

불행한 운명을 현실화시키는 악한 본성을 넘어
새로운 피조물로 변화시키는 복음

인간의 불행은 결국 인간의 폭력성, 죄가 만들어내는 참상이다. 카드모스의 자손 오이디푸스의 모든 비극은 결국 죄로 인해 발생한다. 오이디푸스는 아버지를 죽일 것이라는 신탁을 받는다. 그는 아버지를 죽이려 하지 않지만, 길을 막아선 노인에게 분노하여 폭력을 휘두른다. 오이디푸스의 비극적인 운명은 노인을 죽이는 그의 폭력성을 통해 현실이 되고 운명이 곧 실제가 된다.

인간의 모든 불행한 운명은 결국 인간의 죄 때문에 발생한다고 성경은 말씀하고 있다. 아무리 의도하지 않아도, 우리의 죄성은 결국 우리를 불행하게 만들며, 죄와 전혀 상관없어 보이는 문제들도 따지고 보면 결국 죄가 만들어낸 결과일 뿐이다.

고대 그리스 비극은 복음의 필요성을 극명하게 드러낸다. 인간의 어떤 노력도 죄로 인해 발생하는 불행을 막지 못한다. 결국 해피엔딩은 하나님의 통치를 따라 공의와 정의를 행하는 일이다. 하나님의 말씀을 따라 하나님을 사랑하고 이웃을 사랑하는 길이다. 솔로몬 왕은 나라를 공의와 정의로 다스리는 지혜를 구했다. 그것이 세상에 진정한 평화를 가져오는 길이기 때문이다.

'하나님이여 주의 판단력을 왕에게 주시고 주의 공의를 왕의 아들에게 주소서 그가 주의 백성을 공의로 재판하며 주의 가난한 자를 정의로 재판하리니 의로 말미암아 산들이 백성에게 평강을 주며 작은 산들도 그리하리로다'(시 72:1-3)

그리스 비극은 복음의 필요성을 드러내는 이야기다. 인간의 본성대로 살아가면 필연적으로 멸망한다. 복음 안에서 성령 충만하게 살아가는 것, 육체의 본성을 넘어 새로운 사람으로 살아가는 것이 인생의 답이다.

'너희는 유혹의 욕심을 따라 썩어져 가는 구습을 따르는 옛 사람을 벗어버리고 오직 너희의 심령이 새롭게 되어 하나님을 따라 의와 진리의 거룩함으로 지으심을 받은 새 사람을 입으라'(엡 4:22-24)

복수를 위해 인생을 바치는 남매 vs
하나님의 계획을 위해 살아가는 요셉

아가멤논의 자녀들인 엘렉트라와 오레스테스 남매는 가정에서 일어난 비극적인 일에 복수심을 불태운다. 전쟁의 승리를 위해 딸을 희생시킨 불쌍한 아버지, 자신의 딸을 희생시킨 남편을 용서하지 못하고 죽음에 내몬 불행한 아내, 어머니를 용서하지 못하고 복수심에 불타 어머니를 죽이는 불쌍한 남매들. 이것이 하나님 없는 인생의 모습이다. 엘렉트라는 아버지가 죽은 그 날을 계속해서 되뇌었다. 아버지를 죽일 수밖에 없었던 어머니를 끊임없이 저주한다.

1868~1869년경 프레데릭 레이튼이 그린 유화 <아가멤논의 무덤에 있는 엘렉트라>

(엘렉트라) 아아,
내게 다가온 모든 날들 가운데
가장 가증스런 그날이여!
아아, 그 밤이여, 끔찍한 잔치의
형언할 수 없는 고통이여!
우리 아버지께서는 그 두 사람의
손에 치욕적인 죽임을 당하셨고,
그 손들은 또 내 인생을 사로잡아
나를 배신하고, 나를 망쳐놓았지요.
올림포스의 위대하신 신께서는
그들에게 속죄의 고통을 주시고,
이런 짓을 저지른 그들이
영광을 누리지 못하게 하소서!(201-212행)

그녀는 복수심으로 끓어오르고 타올랐다. 그 마음이 공감되지 않는 것은 아니다. 그러나 그 마음은 어리석다. 주위 사람들은 엘렉트라에게 재앙에 재앙을 쌓지 말라고 조언한다.

> (코로스) 하지만 나는 다정한 어머니처럼
> 좋은 뜻에서 아기씨에게 충고하는 거예요
> 재앙에 재앙을 쌓지 말라고.(233-235행)

그러나 그녀는 남동생과 함께 복수를 위해 인생을 바친다. 복수심은 그들의 인생을 고통스럽게 만든다. 우리가 속한 가정과 공동체는 때때로 불행한 일들의 온상이 되기도 한다. 요셉의 가정은 이복 형제들의 경쟁과 아버지 야곱의 차별대우 등으로 불행의 온상이 된다. 자신의 꿈과 형들의 잘못을 고발하는 요셉의 미숙함과 형들의 복수심이 겹쳐 엄청난 불행의 열매가 맺힌다. 요셉은 죽음의 위기를 겨우 넘겨 애굽으로 팔려간다. 불행한 운명은 간음의 유혹을 이긴 요셉을 감옥에 던져 넣는다. 그러나 그는 복수심으로 인생을 망치지 않는다. 그는 주님을 바라보며 충실히 종살이와 감옥 생활을 이겨낸다.

복수심의 노예가 되지 않은 요셉은 결국 인간의 불행한 운명 너머에 있는 하나님의 큰 뜻을 깨닫게 된다. 그는 형제들을 용서한다. 형제들의 자녀들까지 넉넉히 키워낸다. 그리고 인류를 구원하시려는 하나님의 큰 계획을 담아 가나안 땅으로 가라는 비전을 후손들에게 남기고 행복하게 죽음을 맞이한다.

인간의 죄는 불행한 운명을 만들어낸다. 그러나 엘렉트라에게서 볼 수 있듯이 복수심은 더 큰 불행을 자초한다. 억울하고 가슴 아픈 마음을 이해 못하는 것이 아니라 복수는 자신 뿐만 아니라 그 누구도 행복하게 하지 못하기 때문이다. 하지만 복음은 불행한 운명을 넘어서는 하나님의 큰 구원의 손길, 그 능력의 손길로 인해 주어지는 행복한 반전 스토리를 만들어낸다.

《오이디푸스 왕》

카드모스의 자손인 테베왕 라이오스는 오이디푸스를 낳았으나, 아들이 아버지를 죽인다는 신탁을 받아 오이디푸스를 버린다. 죽지 않고 코린토스에서 자란 오이디푸스는 자신에게 내려진 신탁을 확인하기 위해 델포이로 갔다가, 돌아오는 길에 노인(사실은 친아버지 라이오스)을 죽이게 되고, (자기가 아버지를 죽인지도 모르고) 부모를 죽인다는 운명을 피하기 위해 코린토스가 아니라 테베 쪽으로 가게 된다. 가는 길에 테베의 백성들을 괴롭히던 스핑크스의 퀴즈를 풀고, 테베 백성들의 환영을 받아 왕이 되어(어머니인지 알지 못한 채) 어머니와 결혼한다. 후에 역병이 돌아 이유를 찾게 되는데, 소포클레스 비극은 이 장면에서 시작된다.

> (오이디푸스) 내 아들들이여,
>
> 오래된 카드모스의 새로 태어난 자손들이여,
>
> 어인 일로 그대들은 양털실을 감아 맨 나뭇가지를 들고
>
> 여기 이 제단 가에 탄원자로 앉아 있는 것이오?
>
> 온 도시가 향 연기와 더불어 구원을 비는 기도와

죽은 이들을 위한 곡소리로 가득하구나.

남의 입을 통해 이 일에 관해 전해 듣는 것은

도리가 아닐 것 같아, 세상에 명성이 자자한

이 오이디푸스가 몸소 왔소이다, 내 아들들이여.(1-8행)

그는 역병의 원인을 해결하기 위해 최선을 다할 것을 다짐한다.

(오이디푸스) 이런 연유로 나는

내 친아버지의 일인 양 이 일을 위해 싸울 것이며,

살인범을 찾고자 무슨 일이든 다 할 작정이오.

옛적 아게노르의 아들인 먼 옛날의 카드모스, 그 아들인

폴뤼도로스, 그 아들인 랍다코스의 아들의 명예를 위해.

내 명령을 이행하지 않는 자들에게 신들께서는

대지의 수확도 여인들의 출산도 내려주지 마시고,

지금의 이 재앙으로, 아니, 이보다 더 참혹한

재앙으로 죽기를 나는 바라오.(264-272행)

이제 아버지를 죽이고 신의 진노를 불러 역병을 일으킨 자는 누구인지
에 초점이 맞춰진다.

코로스(좌 1)

대체 누구일까, 예언하는 델포이의

바위가 이르기를, 형언할 수 없는

끔찍한 짓을 피 묻은 손으로

저질렀다고 하는 그는?

이제야말로 도주하기 위해 그는

폭풍처럼 날랜 말들보다 더 힘차게

발을 움직여야 할 때로구나.

제우스의 아드님께서 불과 번개로

무장하고 그에게 덤벼드시고,

그분과 더불어 저 무시무시하고 피할 길 없는

복수의 여신들이 뒤쫓고 있으니.(463-472행)

　아내이자 어머니인 이오카스테는 과거에 오이디푸스의 아버지 라이오스에게 내려진 운명의 신탁에 대해 이야기해준다.

1843년 알렉상드르 카바넬이 그린 <이오카스테와 헤어지는 오이디푸스>

(이오카스테) 그런 일이라면 조금도 염려 마세요. 그대는
내 말을 듣고 명심해두세요. 필멸의 인간은
어느 누구도 미래사를 예언할 수 없어요.
이에 대해 내가 간단한 증거를 보여드리지요.
전에 라이오스에게 신탁이 내린 적이 있었어요.
아폴론 자신이 아니라 그분의 사제로부터 말예요.
그 신탁이란 운명이 그를 따라잡아 그이와 나 사이에서
태어난 아들의 손에 그이가 죽게 되리라는 것이었어요.
그런데 소문대로라면, 라이오스는 마차가 다닐 수 있는
세 길이 만나는 곳에서 어느 날 다른 나라 도적들 손에
살해당했다는 거예요. 그리고 아들은 태어난 지
사흘도 안 돼 라이오스가 두 발을 함께 묶은 뒤
하인을 시켜 인적 없는 산에다 내다 버렸어요.
그리하여 아폴론께서는 아이가 아버지를 살해하고
라이오스는 아들의 손에 죽는다는, 그이가 두려워한
끔찍한 일이 일어나지 않게 해주셨답니다.
그렇게 되도록 신탁이 미리 정해놓았던 거예요.
그러니 신탁이라면 염려하지 마세요. 신께서 필요해서
구하시는 것이라면 몸소 쉬이 밝히실 거예요.(707-725행)

오이디푸스는 뭔가 이상한 기분을 느낀다. 결국 자신이 그 저주의 주인
공임을 깨닫게 된다. 이 작품은 어떤 인간도 죽기 전에는 행복하다고 할
수 없다는 코로스의 노래로 마무리된다. 아무리 권세가 큰 인간도 결국
행복할 수 없는 비극적인 운명인 것을 선포한다.

(코로스) 내 조국 테바이 주민들이여, 보시오. 저분이 유명한

수수께끼를 풀고는 더없이 권세가 컸던 오이디푸스요.

그의 행운을 선망의 눈길로 바라보지 않은 시민이 있었던가!

보시오, 그런 그가 얼마나 무서운 불운의 풍파에 휩쓸렸는지!

그러니 항상 생의 마지막 날이 다가오기를 지켜보며 기다리되,

필멸의 인간은 어느 누구도 행복하다고 기리지 마시오,

그가 드디어 고통에서 해방되어 삶의 종말에 이르기 전에는.(1524-1530행)

《안티고네》

안티고네는 오이디푸스 왕의 딸이다. 오이디
푸스가 테베를 떠나고 동생 크레온이 잠시 섭
정을 맡는다. 그리고 쌍둥이 두 아들 에테오클
레스와 폴리네이케스가 섭정이 끝나는 대로 왕
권을 이어 받기로 한다. 그러나 왕권으로 분쟁
이 생기고 둘은 권력을 놓고 싸운다. 둘은 모두
죽고 만다. 이 가문의 비극 앞에서 괴로워하는
안티고네의 모습으로 작품이 시작된다.

1882년 프레데릭 레이튼이 그린
유화 <안티고네>

(안티고네) 오오, 내 친아우인 사랑하는 이스메네야,

오이디푸스에게서 비롯된 수많은 재앙 가운데

제우스께서 우리 생전에 이루시지 않은 것을

너는 한 가지라도 알고 있니? 고통과 재앙,

치욕과 불명예 가운데 내가 너와 나의 불행에서

보지 못한 것은 한 가지도 없으니 말이다.(1-6행)

테베의 통치자 크레온

크레온은 자신의 말을 듣지 않고 외부 세력과 연합하여 테베를 공격한 폴리네이케스의 장례를 허락하지 않는다. 오빠의 불명예스러운 죽음을 맞이한 안티고네는 삼촌이자 왕인 크레온의 명령을 들어야 하는가? 여동생 이스메네는 왕의 말을 듣자고 언니를 설득한다. 그러나 안티고네는 오빠를 명예롭게 장례해야 한다고 주장한다.

(이스메네) 그리고 지금, 잘 생각해 보세요, 유일하게 살아남은
우리 두 자매도 법을 무시하고 왕의 명령이나
권력에 맞서다가는 가장 비참하게 죽게 될 거예요.
우린 명심해야 해요. 첫째, 우리는 여자들이며,
남자들과 싸우도록 태어나지 않았어요.
다음, 우리는 더 강한 자의 지배를 받고 있는 만큼
이번 일은 물론이고 더 괴로운 일이라도 복종해야 해요.
그래서 이번 일은 달리 어쩔 도리가 없는 만큼
나는 지하에 계시는 분들께 용서를 빌고
통치자들에게 복종할래요.
지나친 행동은 아무 의미도 없으니까요.(58-68행)

크레온은 자신의 명령을 거절한 자의 장례를 절대 허락하지 않는다.

(크레온) 오이디푸스의 아들들과 관련하여 내가 시민들에게 내린

포고령도 이런 원칙에 부합되는 것이오.

에테오클레스는 우리 도시를 위해 싸우다가

모든 면에서 뛰어난 창수로서 전사했으니,

무덤에 묻어주고 지하에 있는 가장 훌륭한

사자들에게 걸맞은 온갖 의식을 베풀 것이오.

하지만 그와 형제간인 폴리네이케스로 말하자면

망명지에서 돌아와 조국 땅과 선조들의 신들을

화염으로 송두리째 불살라 없애고,

친족의 피를 마시고, 나머지는 노예로

끌고 가려 했으니 그와 관련하여 나는

도시에 알리게 했소이다. 아무도 그를 위해

장례를 치르거나 애도하지 말고, 그의 시신을

묻히지 않은 채 버려두어 새 떼와 개떼의

밥이 되고 흉측한 몰골이 되게 하라고 말이오.

이것이 내 뜻이오. 내가 올바른 사람들보다

사악한 자를 더 존중하는 일은 절대로 없을 것이오.

하지만 누구든지 이 도시에 호의를 가진 자는

죽었든 살아 있든 똑같이 존경받게 될 것이오. (192-210행)

그러나 안티고네는 가족을 명예롭게 장례하는 것이 불문율이며 신의 뜻이라 확고하게 믿고, 결연히 자신의 뜻을 실행한다.

(안티고네) 내게 그런 포고령을 내린 것은 제우스가 아니었으며,

하계의 신들과 함께 사시는 정의의 여신께서도

사람들 사이에 그런 법을 세우지 않았으니까요.
나 또한 한낱 인간에 불과한 그대의 포고령이
신들의 변함없는 불문율(不文律)들을 무시할 수
있을 만큼 강력하다고는 생각지 않았어요.
그 불문율들은 어제 오늘에 생긴 게 아니라
영원히 살아 있고, 어디서 왔는지 아무도 모르니까요.(450-457행)

크레온은 안티고네를 붙잡아 처형하지만, 그녀를 사랑했던 하이몬까지 스스로 목숨을 끊는다. 그는 바로 크레온의 아들이었다.

(하이몬) 아버지, 신들께서는 인간들에게 이성을 심어주시는데,
이성은 인간이 가진 것 중에 최고의 재산이지요.
…
보통 시민들은 아버지의 눈초리에 주눅이 들어
아버지 면전에서는 귀에 거슬릴 말은 입 밖에 내지
못하니까요. 하지만 저는 그 소녀를 위해 이렇게
애통해하는 소리를 어둠속에서 들을 수 있어요.
"모든 여인들 중에서 가장 죄 없는 그녀가 가장
영광스런 행위 때문에 가장 비참하게 죽어야 하다니!
친 오라비가 피비린내 나는 전투에서 쓰러졌을 때,
날고기를 먹는 개떼나 어떤 새가 먹어치우도록
묻히지 않은 채 내버려두지 않았으니,
그녀야말로 황금 같은 명예를 받아 마땅하지 않아?"
이런 소문이 어둠속을 은밀히 떠돌고 있어요.
아버지, 제게는 아버지의 성공보다 더 소중한 재물은

아무것도 없어요. 자식들에게 성공하는 아버지의 영광보다

더 자랑스러운 게 어디 있으며, 아버지들에게

성공하는 자식들보다 더 자랑스러운 게 어디 있겠어요?

하오니 앞으로는 아버지 말씀만 옳고 다른 것은 다

틀렸다는 한 가지 생각만 마음속에 품지 마세요.(683-706행)

크레온의 행위를 비판하는 코로스의 말로 작품은 마무리된다.

(코로스) 지혜야말로 으뜸가는 행복이라네.

그리고 신들에 대한 경의는

모독되어서는 안 되는 법.

오만한 자들의 큰소리는 그 벌로

큰 타격을 받게 되어,

늘그막에 지혜가 무엇인지 알게 해준다네.(1348-4353행)

《아이아스》

이 작품은 일리아스에 나오는 트로이 전쟁을 바탕으로 영웅 아킬레우스가 죽고, 당연히 그의 무구를 차지할 것이라고 생각하던 아이아스가 오디세우스에게 무구를 빼앗긴 억울한 상황에서 시작한다. 아이아스는 결국 분을 이기지 못하고 스스로 자결한다. 그의 동생 테우크로스는 형을 범죄자로 취급하고 장례를 치르지 않으려는 아가멤논과 메넬라오스 형제와 큰 갈등을 일으킨다. 그들은 전쟁의 위기까지 가지만, 결국 아이아스의 명예를 위해 장례를 치르게 된다.

《필록테테스》

　헤라클레스가 죽고 히드라의 독이 묻은 그의 활과 화살을 제자인 필록테테스가 맡게 된다. 그는 트로이 전쟁에 참전하게 되는데 중간에 독사에 물리게 되었고 치료도 되지 않았다. 그는 렘노스 섬에 버려지고 잊혀진다. 그는 섬에서 겨우 연명하며 자신을 버린 이들에 대한 원한에 사무쳐 지낸다. 그러나 트로이 전쟁은 쉽게 끝나지 않고, 전쟁에서 이기려면 다음의 조건들이 만족되어야 한다는 예언이 주어진다. 펠롭스의 뼈가 있어야 하며, 아킬레우스의 아들 네오프톨레모스가 전쟁에 참가해야 하며, 헤라클레스의 화살이 있어야 하며, 트로이 성에서 아테네 여상의 조각상 팔라디움을 훔쳐야 하며, 트로이 성문이 부서져야 한다는 것이다.

1788년 장 제르맹 드루에가 그린 유화
<렘노스섬의 필록테테스>

　이 작품은 필록테테스를 버렸던 오디세우스가 네오프톨레모스와 함께 렘노스 섬에 도착한 후의 장면에서 시작한다. 원한에 사무친 그는 절대 가지 않겠다는 의지를 굽히지 않는다. 그러나 헤라클레스의 혼령이 나타나서 설득하니 그는 트로이 전쟁에 참여하게 된다. 그가 전쟁에 참여하고, 그리스군은 승리한다.

06장

트 로 이   유 민 들
로 마 의   시 조 가   되 다

베르길리우스《아이네이스》

(번역본 : 천병희 역, 도서출판 숲)

로마 1대 황제 아우구스투스의
명령으로 시작된 대작

기원전 1세기 바야흐로 로마제국의 전성기가 시작되고 있었다. 아우구스투스가 유명한 악티움 해전에서 승리하고 로마로 돌아왔을 때, 당시 유명한 시인이었던 베르길리우스는 황제에게 자신의 작품《농경시》를 낭독했다고 한다. 이 때 아우구스투스가 그의 작품에 감동하여 로마 제국을 위한 서사시를 써보라는 명령을 했을 것이라고 많은 학자들이 추측한다.

베르길리우스의 흉상

아우구스투스는 공화정을 폐기하고 제국을 세우려했던 양아버지 율리우스 카이사르와 자신의 황제권을 옹호하고, 전 세계를 지배하려는 자신의 꿈을 펼쳐나가기 위한 예술작품이 필요했을 것이다. 이미 호메로스의 작품 같은 대서사시를 남기고 싶은 소망을 가지고 있던 베르길리우스는 이 제안을 받아들인다.

그는 황제의 지원을 받으며 비교적 안

정적으로 작품에 몰두할 수 있었고, 1년의 대장정 끝에 《아이네이스》가 탄생하게 되었다. 《아이네이스》아이네아스에 대한 노래는 트로이의 영웅이자 유민들을 이끌고 제2의 트로이를 세웠다고 전해지는 아이네아스에 대한 이야기를 역사적 자료와 자신의 문학적 상상력으로 채워 먼저 산문으로 완성했고, 후에 운문으로 바꿨다고 한다. 운문으로 바꾸는 과정에서 죽을 때까지 완성하지 못한 부분이 50여 곳 정도 있다고 한다. 이런 이유로 미완의 대작이라고 하지만, 현대인의 입장에서는 완성된 작품이라 할 수 있다.

로마판 용비어천가?

《아이네이스》는 신화와 역사와 작가적 상상력이 총망라된 작품이다. 하지만 내용적으로 이 작품을 폄하하자면 로마 제국의 정통성을 정당화하는 찬양으로 일관한 낯 뜨거운 작품이기도 하다. 시인은 《일리아스》에 나오는 '아이네아스의 자손들이 트로이인들을 다스리게 될 것'이라는 포세이돈의 예언에서 주인공을 택한 것으로 보인다.

그는 《아이네이스》 1~6권에서 고난 가득한 모험의 여정을 이겨냄으로 《오디세이아》의 주인공 오디세우스의 지혜를, 7~12권에서는 전쟁에서 승리함으로서 《일리아스》의 주인공 아킬레우스의 무공을 계승하고 있다. 로마의 시조로 부르기에 손색이 없는 인물로 가공되었던 것이다.

1766년 버밍엄에서 출간된 《전원시, 농경시 및 아이네이스》(좌)
《아이네이스》(천병희 역, 2007년, 도서출판 숲)(우)

작가는 트로이 유민을 이끌고 아이네아스가 세운 제2의 트로이가 로물루스의 로마(그리스 유민이 세운 나라를 비롯하여 주변의 모든 나라들을 통합)로 계승 되었고, 여러 나라들을 통합하여 로마 제국(율리우스 카이사르와 그의 (양)아들 아우구스투스가 세운)에 이르게 된 모든 과정이 결국 윱피테르(제우스)의 뜻이었으며 이전에 이미 예언되었다고 멋지게 반복하며 강조한다.

그리스로마 신화에 등장하는 영웅들의 후손들이 하나로 통합되어 신들의 뜻을 따라 세운 유일무이한 위대한 제국이 로마이고, 당연히 앞으로 온 세계를 지배하게 될 것인데 이 또한 신의 뜻이라는 신탁을 작품의 시작부터 끝까지 중간 중간 드러낸다. 메리쿠리우스(헤르메스)를 통해 전달된 윱피테르의 계시, 저승에 있는 아버지 앙키세스, 어머니 베누스(아프로디테)의 남편 볼카누스(헤파이스토스)가 만든 방패의 문양을 통해 신의 뜻임을 보여준다.

"두려워 마라, 퀴테레아여. 네 백성의 운명은 변함이 없다
너는 약속된 라비니움 시의 성벽을 보게 될 것이며,
고매한 아이네아스를 하늘의 별들에게로 올리게 될 것이다….
하나 이제 이울루스라는 별명을 갖게 된 – 일리움이 함락되기
전에 그는 일루스였다 – 그의 아들 아스카니우스가
자신의 통치권으로 삼십 년 동안 순환하는 달들을 채울 것이며,
라비니움으로부터 도읍을 옮겨
왕성한 정력으로 알바 롱가의 성벽을 쌓게 되리라.
이곳에서 헥토르의 종족이 꼬박 삼백 년 동안 다스리게 되리라.
그러다가 여왕이자 여사제인 일리아가 마르스에 의해
잉태하여 마침내 쌍둥이 아들을 낳게 되리라.
그러면 자기에게 젖을 먹여준 암 늑대의 적갈색 모피를 자랑스레

입고 다니는 로물루스가 가계를 이어 마보르스의 성벽을 쌓고

백성들을 제 이름에서 따와 로마인들이라 부르게 되리라.

이들에게 시공의 한계를 정해주지 않을 것인즉, …

이것이 내 뜻이다. 세월이 흘러 때가 되면

앗사라쿠스의 집안이 프티아와 이름난 뮈케나이를 예속시키고,

정복당한 아르고스를 지배하게 되리라.

고귀한 혈통의 토로이아인인 카이사르가 태어나니 그의 제국은

사해(四海)에 미치고 그의 명성은 별들 사이에서 끝날 것인즉,

그가 바로 위대한 이울루스의 이름을 딴 율리우스이다."(1권 257-288행)

"자, 이제 너에게 다르다누스의 자손들이 어떤 영광을 누리는지,

이탈리아의 부족에게서 네가 어떤 후손들을 기대할 수 있는지

설명해주겠다. 앞으로 우리의 이름을 계승하게 될

찬란한 혼백들 말이다. 또 너에게 네 자신의 운명도 가르쳐주겠다.

… 그는 실비우스라는 알바의 이름을 가진

네 막냇자식으로 나중에 네가 고령이 될 때 네 아내 라비니아가

그를 숲 속에서 왕으로 그리고 왕들의 아버지로 길러줄 것인즉,

그를 통해 우리 집안이 알바 롱가를 다스리게 될 것이다.

… 나아가 마보르스의

아들인 로물루스도 할아버지와 함께할 것인데, 앗사라쿠스의 혈통을

물려받은 로물루스는 그의 어머니 일리아가 기르게 될 것이다.

보이느냐, 그의 투구의 정수리 위에 이중의 깃털 장식이 서 있는 것이,

그의 아버지가 몸소 그를 자신의 명예로써 신으로 표시해놓은 것이

내 아들아, 그의 복점(卜占)에 의해 저 유명한 로마는

그 통치권이 온 대지에 미치고 그 기백이 하늘을 찌를 것이다.

로마는 일곱 언덕을 하나의 성벽으로 에워쌀 것이며,

자손이 흥성할 것이다. …

이제는 두 눈을 이쪽으로 돌려 네 이 로마 민족을 보아라.

여기 이것이 카이사르와, 언젠가는 넓은 하늘 밑으로

나가게 되어 있는 이울루스의 모든 자손들이다.

그리고 여기 이것이 그가 올 것이라고 너도 가끔 들은 적이 있는

바로 그 사람으로 신의 아들 아우구스투스 카이사르이다.

그가 사투르누스가 다스리던 라티움의 들판에 또다시

황금시대를 열 것이며, 제국을 가라만테스족과 인디아인들

너머로 확장할 것이다. 그의 영토는 별들 저편에, 그리고 아틀라스가

온통 불타는 별들이 박혀 있는 하늘을 어깨에 떠메고

그 축 위에서 돌리고 있는, 해[年]와 태양의 궤도

저편에 이르게 될 것이다. …

로마인이여, 너는 명심하라.(이것이 네 예술이 될 것이다.)

권위로써 여러 민족들을 다스리고, 평화를 관습화하고, 패배한

자들에게는 관대하고,

교만한 자들은 전쟁으로 분쇄하도록 하라."(6권 756-853행)

볼카누스는 또 마보르스의 초록빛 동굴 안에서 어미 늑대가

허리를 쭉 펴고 누워 있다가, 쌍둥이 형제가

그 젖꼭지에 매달려 놀며 겁도 없이 유모의 젖을 빨자,

유연한 목을 뒤로 돌려 두 아이를 번갈아 핥아주며

몸을 다듬어주는 모습도 새겨 넣었다. 그 옆에다 그는

로마와, 원형 경기장에서 경기가 개최되던 도중에

자리에 앉아 있던 군중들 사이에서 무도하게도 사비니족 딸들이

납치되는 장면을 덧붙였다. …

거기서 조금 떨어진 곳에 볼카누스는 또 타르타루스의 거처들과,

디스의 높다란 출입구와, 범죄자들의 처벌과, 카틸리나여,

낭떠러지에 매달린 채 복수의 여신들의 얼굴을 보며

두려움에 떨고 있는 그대와, 외딴 곳에 있는

경건한 자들과 그들의 입법자 카토를 덧붙였다…

바다의 한복판에는 청동으로 무장한 함대와, 악티움 해전을

볼 수 있었다. 그대는 레우카테스가 온통 전투 대열로 들끓고 물결이

황금으로 번쩍이는 것을 볼 수 있었으리라. 한쪽에는 아우구스투스

카이사르가 뱃고물에 우뚝 서서

원로원 의원들과 백성들과 페나테스 신들과

위대한 신들과 더불어 이탈리아인들을 싸움터로 인도하고 있었다.

그의 환호하는 이마에서는 두 줄기의 화염이 뻗어 나오고,

그의 머리 위에는 아버지의 별이 뜨고 있었다….

하나 카이사르는 삼중의 개선식을 올리며 로마의 성벽 안으로

돌아와 이탈리아의 신들에게

불멸의 선물을 바치고 있었으니,

그는 시내 곳곳에 삼백 동의

가장 큰 신전들을 봉헌했던 것이다.

거리들은 환성과 경기와

박수 소리로 떠들썩했다. …

그런 장면들이 볼카누스가 만들고

어머니가 아들에게 선물로 준 방패에

새겨져 있었다.

아이네아스는 그것들을 보고 감탄했고,

1861년 베르텔 토르발센이 대리석
으로 조각한 볼카누스

그것들이 무엇인지도 모르고 기뻐하며
자손들의 명성과 운명을 들어올려 어깨에 멨다.(8권 630-731행)

로마를 가장 위대한 제국으로 찬양하기 위해 지어진 작품이기에 사실성도 떨어지고, 주인공 아이네아스와 로마의 시조 로물루스와 로마 제국의 아버지 카이사르-아우구스투스를 연결시키는 시도도 억지스럽다. 하지만 시인은 그리스의 위대한 문화적 전통, 즉 호메로스의 작품들과 그리스 비극들의 예술성에 트로이의 함락에서부터 로마의 시조 로물루스의 죽음까지의 역사를 기록한 퀸투스 엔니우스의《연대기》같은 작품들의 역사성까지 녹여 결코 허구라고만 볼 수 없는 놀라운 대서사시를 탄생시켰다. 그리스와 로마의 문화적 유산들을 한 곳에 집결시킨 위대한 작품이기에 우리에게는 고대 그리스의 고전과 기독교를 받아들인 서양의 근대 고전을 잇는 너무나 소중한 인문학 유산이다. 이후 시인들은 호메로스보다 베르길리우스를 더 칭송하기도 했으며, 아이네이스의 형식과 내용에 영감을 받았다.

나라의 정통성을 세워 권력을 공고히 하려고 했던 아우구스투스 황제와 위대한 시인이 되고자 했던 베르길리우스의 애국심이 결합하여 로마

1511년 라파엘로의 프레스코화 작품 <시인들>에 표현된 퀸투스 엔니우스

제국 이전의 서양 문학의 모든 내용을 섭렵하여 통합한《아이네이스》는 이후 로마 제국을 영적으로 정복한 성경과 더불어 서양 고전의 양대 산맥이 되었다. 이 양대 산맥을 하나로 통합하여 탄생한 서양 고전 최고의 작품이 바로 중세 말기의 시인 단테의《신곡》이다. 단테는《신곡》에서 베르길리우스를 다음과 같이 스승으로 추앙

했다. '그대는 베르길리우스 벅찬 강물인 양 말을 퍼부으시던 저 샘이시오? 그대는 나의 스승이시오, 가르침이오니 내게 영예를 이바지한 고운 붓 끝은 오로지 그대에게서 받은 것 뿐이오이다'

《일리아스》와 《오디세이아》를 본 따
라틴어로 쓴 2차 서사시

이 작품은 《오디세이아》의 모험과 《일리아스》의 전쟁을 반씩 섞어 구성된 2차 서사시다. 호메로스 이야기 전체를 자신의 작품에 차용한 것이다. 《일리아스》와 《오디세이아》가 10년의 전쟁과 10년의 모험 중 갈등이 최고조에 달하는 후반부에서 작품을 시작하여 나머지 부분을 회고하는 형식으로 플롯을 구성했듯, 《아이네이스》도 트로이에서 이탈리아까지 7년의 여정 중 마지막 7년 째에서 작품이 시작되고, 디도 여왕을 만난 아이네아스가 트로이의 멸망에서부터 지난 6년을 회상하는 방식으로 작품이 전개된다.

아이네아스는 디도 여왕이 다스리는 카르타고에 도착하여 과거 트로이 전쟁의 모습이 벽에 새겨진 것을 보고 눈물을 흘리는데, 오디세우스가 9년의 방랑 끝에 알키노스 궁전에서 트로이 전쟁에 대한 시인의 노래를 듣고 눈물을 흘리는 장면의 데자뷰이다. 또한 아이네아스는 전쟁을 시작하기 전에 저승에 가서 아버지를 만나고 지혜를 얻고 사명을 확인하는데, 이는 오디세우스가 고향에 가서 구혼자들과 전투를 시작하기 전에 예언자 테이레시아스를 만나기 위해 저승에 간 것과 동일한 구성이다. 《아이네이스》에서 여전사 카밀라의 죽음은 트로이 전쟁 중 죽은 아마조네스

여전사 펜테실레이아를 본 딴 것이며, 아이네아스와 디도 여왕의 만남은 그리스 신화 아르고호 원정대 이야기에서 메데이아와 이아손의 만남을 차용한 것이다.

그리스로마 신화에 익숙한 현대 독자들이 이 작품을 읽을 때 한 가지 장벽만 넘으면 될 것 같다. 이 작품은 그리스어가 아니라 라틴어로 기록되었기에 지명과 인명을 확인할 필요가 있다. 제우스-읍피테르, 그의 아내 헤라-유노, 그의 전령신 헤르메스-메리쿠리우스, 미의 여신 아프로디테-베누스, 그녀의 남편 헤파이스토스-볼카누스, 바다의 신 포세이돈-넵투누스, 사랑의 신 에로스-쿠피도 등 신의 이름을 암기해 두자. 여기에 패전국 트로이의 주인공 아이네이아스-아이네아스, 트로이 목마를 만든 오디세우스-울릭세스, 그리스 장수 아이아스-아이약스 등은 꼭 알아둘 필요가 있다. 포이보스-포이부스, 아스카이오스-아스카니우스, 크레테-크레타 같은 어미 변형들은 이해하는 데 문제가 없을 것이다.

사명의 길을 방해하는 사탄의 계략을 넘어
하나님 나라를 이루는 삶을 살아가자

아이네아스는 트로이의 영웅이다. 그는 전쟁에서 패한 후에 죽음을 택하려 하지만, 트로이보다 더 강한 제 2의 트로이를 세우라는 신의 명령을 받는다. 그는 사명의 길을 떠나고, 모든 사명의 길이 그렇듯 큰 어려움에 처한다. 그를 시종일관 방해하는 보이지 않는 배후는 유노(헤라) 여신이다. 그 유명한 트로이의 왕자 파리스가 '가장 아름다운 여신에게'라고 쓰인 황금사과의 주인을 아프로디테(베누스)라고 판결한 이후 유노(헤라)는 트로이가 망하도록 힘썼고, 트로이 출신 아이네아스가 새로운 나라를 세우지 못하게 하려고 악랄하게 계략을 꾸미고 실행한다.

트로이를 떠난 아이네아스 일행이 시킬리아(시칠리아) 섬을 지나 이탈리아에 가까이 다다르자, 유노는 바람의 신 아이올로스에게 풍랑을 일으키게 하여 그 일행을 지중해 반대편 카르타고(새로운 도시라는 뜻, 지금의 튀니지)로 쫓아 보낸다. 일행은 알지 못하는 곳으로 표류하다가 육지에 도착했다. 그 나라는 디도라는 여왕이 다스리고 있었는데, 디도는 그들을 따뜻하게 환

1598년 페데리코 바로치가 그린 유화 <불타는 트로이에서 도망치는 아이네아스>

대했다. 유노는 에로스를 보내 디도의 마음 속에 아이네아스를 사랑하게 만든다. 둘은 사랑에 빠졌고, 카르타고에서 오랜 시간을 머물게 된다. 아이네아스가 경험한 환대와 안락함은 유노(헤라)가 제공하는 유혹이었던 것이다. 윱피테르(제우스)는 전령신 메르쿠리우스(헤르메스)를 보내어 아이네아스가 안락함에 취해 잊고 있었던 사명을 고취시킨다. 그는 정신을 차리고, 디도를 버리고 로마로 향한다. 그는 유노의 모든 계략을 넘어 마침내 새로운 나라를 건설하여 자신에게 맡겨진 사명을 감당한다. 그가 세운 나라는 후에 발전에 발전을 거듭 로마제국이 된다.

그리스도인은 하나님 나라를 위해 부르심을 받았다. 모든 그리스도인은 거룩하게 구분되어 사명을 받은 하나님의 백성이다. 출애굽한 이스라엘 백성은 하나님의 소유며, 제사장 나라며 거룩한 백성이다.

'세계가 다 내게 속하였나니 너희가 내 말을 잘 듣고 내 언약을 지키면 너희는 모든 민족 중에서 내 소유가 되겠고, 너희가 내게 대하여 제사장 나라가 되며 거룩한 백성이 되리라'(출 19:5-6)

베드로 사도도 박해와 유혹에 직면한 성도들에게 동일한 말씀으로 부르심을 생각하게 한다.

'그러나 너희는 택하신 족속이요 왕 같은 제사장들이요 거룩한 나라요 그의 소유가 된 백성이니 이는 너희를 어두운 데서 불러 내어 그의 기이한 빛에 들어가게 하신 이의 아름다운 덕을 선포하게 하려 하심이라'(벧전 2:9)

우리가 지상에 사는 동안 사탄은 늘 하나님의 부르심을 따라 살아가지 못하게 하려고 유혹한다. 유노(헤라)가 아이네아스를 계속 방해했듯이 사탄은 성도들을 낙심시키고, 계획대로 되지 못하게 방해한다. 유노는 그가 디도와의 사랑에 빠져 로마를 세우는 사명을 잊게 만든다. 사도바울의 동역자였던 데마는 세상에 유혹되어 바울을 떠났다. 주님 나라를 향한 사명을 잃어버리고 세상의 정욕에 빠져든 것이다. 사탄은 '내가 어떻게 하여야 내 마음을 지혜로 다스리면서 술로 내 육신을 즐겁게 할까(전 2:3)' 궁리하게 만들며 '쾌락을 사랑하기를 하나님 사랑하는 것보다 더하며(딤후 3:4)' 살아가도록 끊임없이 유혹한다.

그러나 하나님께서는 천사들을 통해 우리에게 하나님의 뜻을 전하시며, 성령을 우리 마음에 보내셔서 하나님의 뜻을 계시하신다. 윱피테르(제우스)가 메르쿠리우스(헤르메스)를 통해 아이네아스에게 사명을 다시 깨닫게 하듯, 성령은 늘 우리에게 하나님의 뜻을 계시하며 인도하신다.

바울을 괴롭히고 방해하는 이들이 선교지마다 있었지만, 그는 성령의 인도하심을 따라 나아간다. 유대인들이 그를 잡아 죽이려 했지만, 그는 담대히 예루살렘으로 가서 많은 이들에게 재판의 과정을 통해서도 복음을 전했다. 나아가 로마에까지 가서 주님께서 주신 선교의 사명을 감당했다. 기도하기를 멈추지 말아야 하는 이유가 바로 이것이다. 기도를 통해 사탄의 계략을 잘 깨닫자. 그리고 당당히 넘어서 승리하자. 하나님 나라를 이루는 거룩한 백성이 되기 위하여 말씀과 기도로 늘 성령의 음성에 귀를 기울이도록 하자.

영원한 형벌을 기억하고, 천국을 소망하는 삶을 살아가자

아이네아스는 시빌레의 도움으로 아버지 앙키세스를 만나 사후세계에 가게 된다. 저자 베르길리우스는 이 장면을 통해 당대 그리스와 로마의 현인들이 생각하고 있던 사후세계에 대해 설명한다. 지옥에는 생전에 형제를 미워한 자, 부모를 때린 자, 신뢰한 친구를 속인 자, 부유하게 된 후에 재물을 사유하여 다른 사람에게 한 푼도 나누어주지 않은 자 등이 있었다. 결혼의 약속을 배반한 자, 불의의 전쟁을 한 자, 주인에게 불충실한 자들, 돈 때문에 조국을 판 자들, 법을 악용하여 자기에게 유리하게 해석하기를 일삼았던 자들도 있었다.

> 영혼들의 세계를 지배하는 신들이시여, 침묵하는 그림자들이여,
> 카오스와 플레게톤과 소리 없는 밤의 광야여,
> 내가 들은 것을 말하도록 허락해주소서! 지하의 어둠 속 깊숙이

감추어져 있는 것을 그대들의 동의 아래 밝히도록 허락해 주소서.

그들은 어둠 속에서 외로운 밤에 그림자와

디스의 빈 궁전들과 황량한 왕국을 지나가고 있었다.

그것은 마치 읍피테르가 하늘을 그늘 속에 묻어버리고

밤이 사물들에게서 색채를 빼앗아버릴 때,

불확실하고 희미한 달빛 아래 숲 속을 걸어가는 것 같았다.

입구 바로 앞 저승의 아가리 안에는

슬픔과 후회가 침상을 가져다놓고 있었다.

…

그곳에는 평생 동안 형제들을 미워하거나, 아버지를 치거나,

피보호자를 속이거나, 또는 자신이 모은 재산을 혼자 꿰차고

앉아 친척들에게 아무것도 내주지 않는 자들이나

(이들의 수가 가장 많지요) 또는 간통죄로 죽은 자들이나,

동포들을 향해 무구를 든 자들이나, 주인에게 불충하기를

두려워하지 않던 자들이 감금되어 벌을 기다리고 있소. 그대는

1889~1890년 윌리엄 블레이크 리치몬드가 그린 유화 <비너스와 앙키세스>

그들이 받는 벌이 어떤 것인지, 어떤 종류의 운명이 나락에서 그들을
기다리고 있는지 알려고 하지 마시오. 더러는 거대한 바위들을
굴리고 있거나, 수레의 바퀴살에 사지를 쭉 편 채 매달려 있소.
불행한 테세우스는 그곳에 앉아 있고 영원토록 앉아 있을 것이오.
그리고 그들 중에서 가장 비참한 플레귀아스는 모두에게
경고하며 큰 소리로 그림자들 사이에서 증언하고 있소.
'경고하건대, 그대들은 정의를 배우고 신들을 경멸하지 마시오.'
어떤 자는 황금을 받고 조국을 팔고는 그 위에 참주(僭主)를 앉혔고,
대가를 받고 법률을 제정하는가 하면 취소하기도 했소.
또 어떤 자는 딸의 침실로 밀고 들어가 금지된 결혼을 강요했소.
그들은 모두 끔찍한 일을 감행했고, 감행한 일을 성취했소.
아니, 내게 일백 개의 혀와 일백 개의 입이 있고 무쇠의 목소리가
있다 해도 범행의 종류를 하나하나 설명하고
벌의 이름을 빠짐없이 열거할 수는 없을 것이오.(6권 196~211)

    지옥의 형벌은 다양했는데, 끊임없이 회전하는 차바퀴의 살로 결박되어 있는 것(익시온), 큰 돌을 산꼭대기에 올리면 다시 굴러 떨어지는 수고를 영원히 하는 것(시지포스), 연못에 서 있으면서도 물을 마시려고 하면 물이 멀어져 영원히 목마름과 배고픔에 시달리는 저주에 살아가는 것(탄탈로스) 등이었다. 특히 남들을 기만한 자들은 이 땅에서 처벌을 받지 않고, 악한 일을 행한 것이 드러나지 않음으로 더 큰 형벌을 받게 된다. 아이네아스가 본 사후세계에서는 소수만이 영원한 행복이 보장되는 엘리시온에 이른다.

    하나님의 통치를 떠나 자신의 욕망대로 살아가는 이들은 살아서도 하나님의 복을 누리지 못하고, 죽음 이후에도 영원한 형벌을 당한다. 그리

스·로마의 세계에서도 다른 문화권에서도 사후세계에 대한 인식은 분명하며, 사후 세계에 지옥의 형벌에 대한 두려움이 있다. 성경의 계시는 더욱 분명하다.

> '이에 임금이 대답하여 이르시되 내가 진실로 너희에게 이르노니 이 지극히 작은 자 하나에게 하지 아니한 것이 곧 내게 하지 아니한 것이니라 하시리니 그들은 영벌에… 들어가리라 하시니라'(마 25:45-46)

예수님을 믿고 하나님의 통치를 따라 살아가는 이들은 이 세상에서 풍성한 삶, 참된 삶을 누리며 살아간다. 나아가 죽음도 영원한 복의 관문이 된다. 로마의 문화 속에서도 분명히 인지되고 있던 사후세계, 우리가 과학으로 입증할 수도 부인할 수도 없지만, 우리의 영혼에 분명히 각인되어 있는 사후세계인 천국과 지옥에 대해 분명히 믿어야 한다. 그리고 천국을 소망하는 삶을 누리기 위해 죄를 멀리하고, 하나님의 통치 가운데 살아가자. 잊지 말라, 천국과 지옥은 있다.

아이네아스의 허풍계보냐, 아브라함의 믿음의 계보냐

앞에서도 말했지만 《아이네이스》는 문학적 상상력의 산물이다. 아이네아스는 인간 아버지 앙키세스와 그에게 반한 미의 여신 베누스(아프로디테)의 아들로 그려진다. 그는 신도 반할 정도의 멋진 남자와 미의 여신의 합작품이다. 인물은 보나마나다. 그는 조국 트로이를 위해 영웅적인 활약을 했고, 나라가 망하자 망명을 기다리는 많은 불쌍한 백성들을 이끌고 여신 유노(헤라)의 방해를 이겨낸다. 아이네아스가 트로이에서의 아내와의 사이에서 나온 아들이 이스카니우스(이울루스). 그의 후손은 율리우스 카이사르와 아우구스투스다. 아이네아스의 이탈리아에서의 아내 라비니아와의 사이에서 나온 자녀의 후손이 로물루스와 레무스 쌍둥이다. 이들은 모두 여신 베누스(아프로디테)의 후손이다. 이로서 로마는 대단한 영웅과 여신의 계보인 것이다.

성경의 계보는 어떠한가? 아브라함은 우상숭배가 가득했던 갈대아 우르 출신이다. 그는 가나안 땅을 차지할 어떤 명분도 없는 이방인이며, 아내도 지켜주기 어려운 평범한 인간이다. 그의 후손 이삭이나 야곱도 하나님의 도우심이 없으면 아무 것도 아닌 평범 이하의 인물들이다. 유대인들의 직계 조상인 유다는 어떠한가? 유다의 자녀들은 하나님을 경외하지 않은 악한 인간들이었다. 유다는 창녀인 줄 알고 만난 며느리와의 관계로 후손을 이은 막장 가문의 선조다. 마태가 제시하는 예수님의 족보에는 이방인 여인들의 명단이 끼어 있으며, 다윗은 충신 우리야의 아내에게서 솔로몬을 낳았다는 부끄러운 이야기가 들어 있다. 아브라함의 계보? 유다의

1850년 요제프 몰나르가 그린 유화 <우르에서 가나안으로 가는 아브라함의 여정>

계보? 다윗의 계보? 성경은 감추지 않고 이들의 부끄러움을 그대로 기록한다.

어느 계보가 진실한가? 베르길리우스가 만들어낸 허풍 가득한 로마 제국의 계보인가? 아니면 인간의 죄와 허물이 그대로 들어 있는 진실성 100%의 하나님 나라의 계보인가? 로마는 자신들의 권력을 정당화하는 계보를 만들어냈지만, 아브라함, 유다, 다윗의 계보는 결코 꾸밈이 없이 담백하게 진실을 담아낸다. 아브라함의 믿음의 계보는 결국

천지를 지으신 하나님과, 우리를 위해 세상에 오신 예수 그리스도만을 진실하게 드러낸다. 위대한 인간들의 계보와 악한 인간들을 위해 구원을 이루신 믿음의 계보 중 어느 것이 우리가 의지할 만한 진리인가? 오직 믿음의 계보라고 생각하지 않는가?

'너희가 그리스도의 것이면 곧 아브라함의 자손이요 약속대로 유업을 이을 자니라'(갈 3:29)

우리는 위대하지 않다. 악으로 가득한 인간이다. 하지만 우리가 예수를 믿게 되었다면, 놀라운 일을 이루신 하나님을 믿고 의지한 아브라함의 자손이며, 영원한 하나님나라를 이 땅에서 누리며, 죽음 이후에 영원히 상속하게 될 것이다. 인간을 높이고, 인간을 신격화한 로마의 족보야말로 《아이네이스》의 한계를 분명히 드러내고 있다. 인간의 부족함과 연약함을 있는 그대로 인정하며, 때로는 아브라함, 야곱, 모세와 다윗의 한계도 분명히 인정하며, 하나님을 높이는 아브라함의 계보야말로 인류가 걸어온 역사에 대한 진실한 기록인 것이다. 이것이 바로 우리의 진정한 소망의 계보이다. 인간 스스로 불가능한 일을 하나님께서 하신다는 사실이야말로 인류의 진정한 소망이다.

'예수께서 그들을 보시며 이르시되 사람으로는 할 수 없으나 하나님으로서는 다 하실 수 있느니라'(마 19:26)

《아이네이스》의 구조

《아이네이스》의 첫 11행은 모든 내용을 압축하고 있다.

> 무기들과 한 전사를 나는 노래하노라 그는 운명에 의해 트로이야의
> 해변에서 망명하여 처음으로 이탈리아와 라비니움의 해안에 닿았으나
> 육지에서나 바다에서나 하늘의 신들의 뜻에 따라 숱한 시달림을 당했으니
> 잔혹한 유노가 노여움을 풀지 않았기 때문이다. 그는 전쟁에서도
> (여기까지가 1~6장 방황과 모험이야기)

> 많은 고통을 당했으나 마침내 도시를 세우고 라티움 땅으로
> 신들을 모셨으니 그에게서 라티니족과 알바의 선조들과
> 높다란 로마의 성벽들이 생겨났던 것이다
> (여기까지가 7~12장 전투에서 승리하는 이야기)

> 무사 여신이여, 신들의 여왕이 신성을 어떻게 모독당했기에
> 속이 상한 나머지 그토록 많은 시련과 그토록 많은 고난을

더없이 경건한 남자로 하여금 겪게 했는지 말씀해주소서!
하늘의 신들도 마음속에 그토록 깊은 원한을 품을 수 있는 건가요
(새로운 나라를 세우기 위한 과정이 험난했던 이유)

8~11행은 이야기의 배경이 되는 여신 유노^(헤라)의 분노다. 그 유명한 파리스의 판결로 자존심이 상한 유노는 트로이에 대한 원한을 품는다. 유노는 아이네아스를 중심으로 새로운 나라를 세워지는 것을 끝까지 방해한다. 그러나 윱피테르^(제우스)의 뜻에 따라 영웅은 모든 시련을 극복하고 새로운 국가를 세운다. 첫 11행이《아이네이스》전체의 구조를 잘 보여준다.

작품의 큰 줄거리

아이네아스가 카르타고에 도착하여 디도 앞에서 과거를 회고한다^(1~3권)

트로이에서 탈출한 아이네아스 일행은 유노 여신의 방해로 여기저기를 방랑한지 7년이 되었다. 트로이에 앙심을 품고 있던 신들의 여왕 유노^(헤라)는 아이네아스 일행이 로마를 세우지 못하게 하려고 바람의 신 아이올로스에게 부탁하여 엄청난 풍랑을 일으킨다. 그러나 포세이돈의 도움으로 아이네아스 일행은 리뷔아에 도착한다. 아이네아스의 어머니 베누스는 아들을 안타까워하며 윱피테르에게 탄원한다. 그는 앞으로 트로이 유민들이 이탈리아에

로마의 포리 임페리알리 거리에 있는 율리우스 카이사르의 동상.

서 큰 나라를 세워 300년을 다스릴 것이며, 마르스와 여사제 일리아 사이에서 나온 쌍둥이를 늑대가 양육하여 큰 성을 세울 것인데 그렇게 로마가 세워질 것이고, 그들은 큰 제국을 이루게 될 것이라고 안심시킨다. 윱피테르는 아이네아스의 아들 아스카니우스의 이름(이울루스)을 딴 율리우스 카이사르가 로마제국을 세울 것이라고 예언한다.

> '고귀한 혈통의 트로이아인인 카이사르가 태어나니 그의 제국은 / 사해에 미치고 그의 명성은 별들 사이에서 끝날 것인즉, / 그가 바로 위대한 이울루스의 이름을 딴 율리우스이다. 너는 언젠가 / 동방의 전리품을 잔뜩 짊어진 그를 마음 편히 하늘로 맞게 / 될 것이며 그에게도 사람들은 기원하게 되리라 / 그러면 전쟁이 종식되고, 폭력의 세대들은 점점 유순해질 것이다.'(1권 286~291행)

아이네아스는 도착한 땅을 정탐하고 어머니 베누스가 변신하여 아들을 도와준다. 아이네아스는 성문들과 도로가 건설되고, 나라가 세워지고 있는 도시에 도착한다. 거대한 신전의 지붕 아래에는 트로이 전쟁의 전투 장면들이 새겨져 있었다. 그는 과거를 생각하며 눈물을 흘렸다.

이제 아이네아스 일행은 디도 여왕을 만난다. 먼저 가장 나이가 많은 일리오네오스가 디도 여왕에게 이탈리아로 가고 있는 과정을 설명하며 도움을 요청한다. 구름에 덮여 있던 아이네아스가 드러나고, 그 황홀한 모습에 디도는 놀란다. 그의 아들 아스카니우스로 변신한 쿠피도가 디도의 품에 안겨 사랑을 불어넣었고, 디도는 후에 불행을 가져다 줄 사랑에 빠진다. 디도는 그들을 위하여 연회를 베풀고 아이네아스에게 지난 7년 동안의 여정을 말해 달라고 요청한다(1권 아이네아스 일행이 카르타고에 도착하다).

그는 그 유명한 트로이야 목마 이야기부터 시작한다.

라오코온이 울릭세스가 속임수로 만든 목마를 절대로 성에 들어서는 안 된다고 주장한다. 목마에 창을 던졌을 때 신음 소리가 났지만 사람들은 그의 말을 듣지 않았다. 울릭세스가 보낸 포로가 그리스군이 퇴각했다는 거짓말을 퍼트리고, 라오코온은 두 아들과 함께 바다에서 온 뱀 한 쌍에게 비참하게 죽음을 당했다. 캇산드라의 예언도 아무 소용없이 울릭세스의 계략은 성공했고, 아킬레스의 아들인 네옵톨레무스와 메넬라오스 등 목마의 배에서 나온 군사들에 의해 트로이 성은 초토화되었다. 아이네아스에게 헥토르가 꿈에 나타나 트로이는 망할 것이니 도망가서 새로운 도시를 세우라고 한다. 끔찍한 전쟁이 계속되어 트로이야의 왕 프리아모스도 죽었다. 아이네아스는 아버지 앙키세스를 설득하여 어깨에 메고 아들 아스카니우스의 손을 잡고 탈출했다. 아내 크레우사는 그 뒤를 따랐으나 혼란스러운 사이 사라졌고, 그녀를 찾으러 온갖 노력을 했지만 그 앞에 그녀의 혼령이 나타나 이렇게 말하며 작별을 고했다.

'오오! 사랑하는 낭군이여, 그리 미친 듯이 슬픔에 빠져드는 것이 무슨 도움이 되나요? 이런 일들은 신들의 동의 없이는 일어나지 않아요.'(2권 776~777행)

이렇게 그는 불타는 트로이야를 떠나 산으로 향했고, 수많은 수가 그를 따랐다.(2권 화염에 싸인 트로이야)

아이네아스와 일행들은 함선을 건조하고 바다로 나가 먼저 트로이야와 가까운 트라키아에 도착하여 '아이네아다이'라는 나라를 세우려했으나, 그곳이 저주받은 땅이라는 것을 알고 도망친다. 프리아모스 왕이 트로

고대의 트라키아인 불가리아 페르페리콘.

이야가 멸망할 것을 알고 트라키아로 금괴와 함께 폴뤼도루스를 떠나보냈는데, 그곳 사람들이 그를 죽이고 황금을 차지했던 것이었다. 아이네아스 일행은 그를 장례해주고, 다시 바다로 나가 이리 저리 떠돌아다니는 섬에 상륙했다. 거기서 제2의 트로이가 크레타라는 신탁을 받고 떠난다. 그러나 거기에서 도시를 건설하는 과정에 역병이 돌고 곡식이 거두어지지 않았다.

아이네아스는 헤스페리아로 가라는 새로운 신탁을 받는다. 배를 타고 가는 중 풍랑을 만나고, 그들은 처녀의 머리를 한 혐오스러운 새 하르퓌아이가 살고 있는 섬을 거쳐, 울릭세스의 나라 이타카의 옆을 통과하여, 나라가 망한 이후 헥토르의 아내 안트로마케가 원수 아킬레스의 아들 네옵톨레무스의 아이를 낳고 사는 나라를 거쳤다. 이후 한 예언자를 통해 격려를 받고 이탈리아를 지나, 장대로 눈을 찔린 폴리페모스의 동굴이 있는 시킬리아 섬에서 살아남은 울릭세스의 부하를 태우고 도망쳐 항해한다. 도중에 아버지 앙키세스는 죽고, 온갖 시련 끝에 카르타고에 도착했던 것이다.(3권 신이 내린 방랑)

디도를 떠나 사명을 향하다(4~6권)

디도는 아이네아스에게 푹 빠지고 말았다. 자신의 오빠가 재산을 빼앗을 목적으로 남편을 죽인 상처를 안고 이곳으로 도망친 디도가 아이네아스의 사연을 들으며 마음을 빼앗긴 것이다. 그녀의 동생 안나는 언니에게 결혼을 독려한다. 유노 여신은 아이네아스가 제2의 트로이야를 건설하지 못하게 하려는 목적으로, 베누스 여신은 아들 아이네아스가 더 이상 고생하지 않도록 하려는 목적으로 이 결혼에 찬성한다. 두 사람은 결혼하여 행복한 시간에 흠뻑 빠지고, 아이네아스는 새로운 도시를 건설해야 하는 자신의 임무를 망각한다. 읍피테르(제우스)의 명을 받은 메르쿠리우스는 아이네아스에게 가서 크게 나무라며 사명을 고취시켰다.

> "그대는 지금 아내를 기쁘게 해주려고 높다란 카르타고의
> 초석을 놓고 아름다운 도시를 세우고 있는 것인가?
> 아아, 그대는 자신의 왕국과 운명은 완전히 잊어버렸구려!
> …
> 그대는 무엇을 바라고 리뷔아 땅에서 빈둥거리는 것인가?
> 만약 그토록 위대한 운명의 영광도 그대를 움직이지 못한다면
> [또 그대가 자신의 명성을 위해 노고를 무릅쓸 뜻이 없다면]
> 장성해가고 있는 아스카니우스 그대의 후계자인 이울루스의
> 희망을 생각하구려. 이탈리아의 왕국과 로마의 땅은 그의 몫이니까."(4
> 권 265-275행)

디도는 자신을 떠나려는 그를 강력하게 만류한다. 그러나 아이네아스는 떠나고, 디도는 그를 저주한다. 디도와 아이네아스 둘이 세운 나라의 후손들이 원수가 되어 싸우게 될 것이 예언되는데, 바로 포에니 전쟁에 대한 것이었다.

하인리히 루테만이 손으로 채색한 <포에니 전쟁 중 알프스를 넘는 한니발>

> "오오, 읍피테르여!
> 그는 가는 것인가? 이방인인 그가 우리
> 나라를 웃음거리로 만들고 마는가?
> … 나는 그를 붙잡아 사지를

갈기갈기 찢어 바닷물에 흩어버릴 수 있지 않았던가?

그의 전우들과 아스카니우스와 그 자신을 칼로 죽여

그 고기를 그의 아버지의 식탁에 올려놓을 수 있지 않았던가?

… 그리고 복수의 디라들과 죽어가는 엘릿사의 신들이시여,

지금 내 말을 들어주소서. 당연한 결과이긴 하지만 내 이 괴로움에

주목해주시고, 내 기도를 들어주소서. 만일 그 저주 받은 자가

포구에 닿아 육지에 올라야 한다면, 만일 그것이 읍피테르께서

정해놓으신 운명이고 그것이 정해진 경계라면, 그렇다 하더라도

그는 전쟁에서 대담한 부족의 무구들에 시달리게 하고, 자기 영토에서

쫓겨나게 하고, 이울루스의 품에서 떨어져 도움을 애원하게 하고,

자기 전우들이 무자비하게 살육당하는 것을 보게 해주소서.

그리고 그는 마지못해 불평등한 평화 조약을 맺은 다음,

왕국도 바라던 햇빛도 즐기지 못하고 요절하여 묻히지도 못한 채

모래 한가운데에 누워 있게 해주소서. 이것이 내 기도이며,

이 마지막 말을 나는 내 피와 함께 쏟아내고 있나이다.

오오! 튀로스인들이여, 그대들은 그의 씨족들과 앞으로 태어날

그의 모든 자손을 줄곧 미워하게 하여 나의 망령에게 그런 선물을

보내도록 하시오. 두 민족 사이에는 사랑도 맹약도 없게 하시오.

나의 유골에서는 어떤 복수자가 일어서 다르다누스 백성들이

정착할 때마다 불과 칼로 그들을 괴롭힐지어다. 지금도 앞으로도

우리에게 그럴 힘이 생길 때마다. 비노니, 해안이 해안과 대결하고,

바다가 바다와 대결하며, 무구들이 무구들과 대결할지어다.

두 민족은 그들 자신은 물론이고 그들의 자손들도 서로 싸울지어다."(4권

590-629행)

디도는 불에 몸을 던진다.(4권 디도와 아이네아스의 사랑)

    일행은 디도가 불타는 화염을 뒤돌아보며 바다로 나갔다. 암흑과 폭풍이 몰아닥쳤다. 키잡이 팔리누루스는 넵투누스에게 탄원하고, 이런 날씨에 이탈리아로 갈 수 없다고 호소했다. 그들은 앙키세스가 묻혀 있는 곳으로 방향을 바꿨다. 그들은 1년 전 죽은 앙키세스에게 예를 갖추며 장례식을 위한 경기를 시작했다. 함선 경주, 달리기 경주, 권투, 활쏘기 등의 경주가 멋지게 마무리되었다.

    그러나 유노는 다시 트로이야를 재건하려고 떠나려는 이들을 그냥 두지 않았다. 이리스 여신을 통해 함선들을 불태웠다. 낙심한 아이네아스에게 아버지 앙키세스의 환영이 나타나 이탈리아로 가서 라티움에서 사나운 부족들을 정복해야 한다고 격려한다. 아버지의 명에 따라 그는 결의를 밝히고 출발을 준비한다. 어머니 베누스는 넵투누스에게 부탁하여 아이네아스를 돕는다. 순풍에 항해를 시작했고 키잡이 팔리누루스는 한 밤 중에도 쉬지 않고 키를 잡았으나 잠의 신은 그를 잠들게 하여 바다 속으로 던져 버렸다. 아이네아스는 친구를 잃고 탄식했다.(5권 장례식 경기)

    결국 일행은 이탈리아에 도착한다. 먼저 주인공은 아버지의 명대로 그리스인들이 세운 도시 쿠마이에서 예언자 시빌라의 도움으로 저승으로 간다. 예언자는 아이네아스 일행이 라비니움(라티움족의 나라)에 도착할 것이지만, 후회할 만큼 참혹한 전쟁이 있을 것이라고 말한다. 아이네아스는 황금빛 가지를 꺾어 저승으로 들어가고, 거기서 죽은 동료 팔리누루스와 사랑했던 여인 디도를 비롯하여 많은 이들을 만난다. 그는 지옥의 참혹한 광경도 본 후에 낙원에 도착해 트로이야의 창건자 다르다누스도 보고, 마지막으로 아버지 앙키세스를 만나 미래에 펼쳐질 일들에 대한 비전을 들는다. 아버지가 펼쳐준 비전은 그를 사명감으로 불타게 한다.

"그예 네가 왔구나. 네 아비가 기대한 대로 네 효성으로
여행길의 온갖 어려움을 극복해냈구나. 내 아들아,
네 얼굴을 쳐다보며 네 정다운 목소리를 듣고 대답해도 되겠느냐?
이렇게 되리라고 마음속으로 믿어 의심치 않고
날수를 세고 있었는데 과연 기대가 어긋나지 않았구나.
네가 어떤 나라들과, 어떤 대해들을 건너왔는지 알고 있다.
내 아들아, 네가 어떤 위험들에 처했었던가! 리뷔아의 여왕이
너를 해칠까봐 내가 얼마나 두려워했는지 모른다!"(6권 687-694행)

그리고 아버지의 도움으로 지상으로 돌아와 전우들과 합류했다.(6권 저승
으로 가서 아버지를 만나다)

<배의 선미에서 떨어지는 팔리누루스와 손에 나뭇가지를 들고 날아가는 수면의
신>(G. J. 랑과 G. C. 아임마르트, 1688년, 《아이네이스》 독일어 그림책의 판화.

아이네아스가 로마로 가고 전쟁이 시작되다 (7~9권)

아이네아스 일행은 다시 바다로 출항했다. 그들이 도착한 라티움은 라티누스 왕이 통치하고 있었다. 그의 아들은 어릴 때 요절하고, 라비니아라는 딸이 하나 있었다. 그녀에게 많은 구혼자들이 있었는데, 그 중 하나가 미남이고 집안도 좋은 투르누스였다. 그러나 '한 영웅이 이방에서 다가와 통치할 것'이라는 예언자의 말을 들은 라티누스 왕은 딸을 라티움 사람과 결혼시키지 말라는 신탁을 듣게 된다. 한편 아이네아스 일행은 라티움에 도착하여 도시와 해안을 정탐하러 나섰다가 라티누스 왕의 궁전에서 자신들을 소개하게 되었다. 왕은 예언이 이루어졌다고 기뻐했다. 그러나 유노의 계략으로 왕비가 반대하고, 큰 체구의 구혼자 투르누스도 루툴리족을 일으키고 많은 동맹들을 규합하여 싸움을 준비했다. (7권 예언의 땅 라티움)

투르누스가 여전사 카밀라와 포악한 메젠티우스 등 장수들과 결탁하여 전쟁을 준비한다는 소식에 아이네아스가 근심할 때 로마를 흐르는 강의 신 티베르누스가 꿈에 그를 찾아온다. 그는 아이네아스가 전쟁에서 승리할 것이고, 그의 아들이 알바를 세울 것이니, 팔라스의 후손들과 동맹을 맺고 유노에게 격식을 갖춰 기도를 올려 노여움을 풀라고 조언했다. 그는 암퇘지를 유노에게 제물로 드렸다. 그리고 아르카디아 (그리스)에서 건너온 에우안데르의 아들로 로마 팔란테움의 왕 팔라스와 손을 잡는다. 볼카누스 (헤파이스토스)는 아내 베누스의 부탁으로 주인공을 위해 방패를 만들어 주었는데, 방패에는 로물루스와 레무스 형제가 늑대의 젖을 빨고

17세기 루카 지오다노가 그린 유화 <투르누스를 무찌르는 아이네아스>

있는 모습 등 이후 로마의 역사적 사건들이 예언처럼 새겨져 있었다.(8
권 아이네아스가 로마에 가다)

아이네아스가 로마에서 동맹군을 찾아다니는 사이에 유노는 적장 투르
누스에게 이리스 여신을 보내 기습공격을 명한다. 타우케르(아이네아스 진영)
백성들은 투르누스 진영의 기습에 방벽을 쌓고 방어했다. 아이네아스의
함선들이 다 불탈 뻔 했으나, 신들의 어머니가 모든 함선을 처녀의 모습
으로 변신시켜 헤엄치게 함으로 위기를 벗어났다. 양쪽이 대치하는 가운
데 아이네아스의 부하이자 둘도 없는 친구 니수스와 에우뤼알루스가 놀
라운 열정으로 자신들의 진영을 둘러싼 적들을 한 밤 중에 기습한다. 그
들은 대장 아이네아스를 데려오려고 치열하게 싸웠으나 장렬히 전사한
다. 투르누스는 기세를 올리며 수많은 트로이야 전사들을 죽였다. 아버지
가 없는 가운데에도 아스카니우스는 누마누스를 죽이며 기세를 올렸다.
트로이야 진영의 강력한 반격에 투르누스도 물러서지 않을 수 없을 정도
였다. 치열한 전투가 계속되었다.(9권 니수스와 에우뤼알루스)

동맹군과 함께 승리하는 아이네아스(10~12권)

읍피테르는 휴전을 제안한다. 베누스는 아버지 없이 전장에서 싸우고
있는 아스카니우스라도 구해달라고 요구하고, 유노는 강력히 반대한다.
읍피테르는 이 전쟁에 개입하지 않겠다고 선언하고, 전쟁은 치열하게 계
속되었다. 아이네아스는 팔라스에 이어 에트루리아 왕 타르콘과도 동맹
을 맺었다. 얼마 전 요정으로 변신한 함선들이 전쟁의 상황을 그에게 알
려주었고, 드디어 그는 전투에 참여하게 되었다. 놀라운 전과를 올리던 팔
라스는 투르누스의 손에 전사하고, 이에 분노한 아이네아스가 맹렬히 적
들을 처단하며 무자비한 메젠티우스와 결투를 벌이게 되었다. 아들 라우

수스가 아버지를 도왔으나 아버지와 아들이 모두 그의 손에 전사한다. 트로이야인들과 라티니 족의 함성이 하늘을 울렸다.(10권 동맹군과 돌아온 아이네아스)

그는 동료 팔라스의 죽음을 애도하며 12일 휴전에 돌입했다. 팔라스의 아버지 에우안드루스가 아들에 대해 애도하고, 성대한 장례식이 진행되었다. 전쟁에서 양측이 큰 피해를 보고 있는 가운데 라티누스 왕은 어떻게 해야 할지 고민하며 회의를 소집한다. 왕과 투르누스에게 평화협정을 요구하는 요구도 있었고, 투르누스에게 패배를 인정하고 떠나라는 요구도 있었다. 투르누스는 불같이 화를 내며 그럴 수 없다고 결의를 다졌다. 회의는 결렬되었다. 싸움은 다시 시작되었고 볼스키족의 여전사 카밀라가 투르누스 쪽에 합류했다. 그녀는 아마존 여전사처럼 활약했지만, 클로레우스의 화살에 맞고 전사했다.(11권 여전사 카밀라)

동료 카밀라가 죽고 전세가 역전되어 라티니 족의 사기가 떨어지자 투르누스는 전의를 불태운다. 그는 라티누스 왕에게 결투에 승리한 자에게 딸 라비니아와 결혼시켜 달라고 부탁한다. 왕은 그럴 수 없다고 전쟁을 멈추라고 만류하고, 그를 사윗감으로 지지했던 왕비 아마타도 눈물로 만류한다. 아이네아스도 더 이상 양측이 살육당하는 것을 원치 않았으나, 맹렬한 전쟁이 시작되어 많은 이들이 죽음의 소용돌이에 빨려 들어갔다. 투르누스와 아이네아스는 결국 일대일 결투

유피테르의 대리석 조각상(AD 100년).

에 나서게 되었다. 그는 결투 끝에 투르누스를 제압하지만, 살려달라는 간청에 망설인다. 그러나 죽은 동료 팔라스의 무구를 승리의 기념물로 차고 있는 것에 분노하여 투르누스의 가슴에 칼을 꽂는다. 팔라스에 대한 복수와 함께 투르누스는 지하의 그림자들에게 내려갔다.(12권 운명의 결투)

07장

이 생 을 위 한
사 후 세 계 여 행 기

단테《신곡》

(번역본 : 김운찬 역, 열린책들)

정치인 단테가 남긴 세계 최고의 고전

하버드대학 도서관에는 이탈리아 피렌체 출신의 위대한 시인 단테에 대한 자료가 12,000건 검색된다고 한다. 그의 대표작《신곡》은 지속적인 연구와 관심을 받는 작품이다. 물론 쉽게 읽을 수 있는 작품은 아니다. 전문가들은《신곡》을 술술 읽게 되었다면 고전 공부가 마무리되었다고 할 정도다. 미국 출신의 영국 시인 T. S. 엘리엇은 '서양의 근대는 단테와 셰익스피어에 의해 양분된다. 그 사이에 제 3자란 존재하지 않는다'고 했다. 여기에서 빠져 섭섭할만한 독일의 대문호 괴테도 '단테의 문학은 인간의 손으로 만든 최고의 것이다'라고 추앙했다. 직접 읽어보면 이 말이 무슨 말인지 알게 된다.

《신곡》은 사후세계를 주제로 하여 14세기 초에 쓰인 서사시로 단테 자신이 지옥편에서 'La commedia(희극)'라고 불렀다. 희극은 그 내용면에서 즐겁게 끝을 맺는 작품을 말한다. 물론 현대적 의미의 코미디와는 거리가 멀다. 후에 보카치오가 이 작품을 신성하다고 칭송한 것이 받아들여져 16세기부터 La Divina Commedia(신성한 희극)라고 불리게 되었다.《신곡》은 정말 신성한 작품이며, 아무도 넘볼 수 없는 최고의 위치를 차지하는 고전이다. 단테는 30대 중반에 피렌체에서 정치인으로 활동하다가, 반대파에 의해 정치적으로 매장된다. 그는 고향으로 돌아가지 못하고, 라벤나로 망명하여 이 작품을 쓰게 된다. 그가 정치를 계속했다면 어쩔 뻔 했는가? 인류는 최고의 고전을 잃어버릴 뻔 했다.

중세 카톨릭 교리에 맞춘
일주일간의 사후세계 여행기

전도서는 초상집에 가는 것이 잔칫집에 가는 것보다 낫다고 전한다. 고전에서도 사후세계 여행은 사람을 지혜롭고 용감하게 만든다. 트로이 전쟁의 영웅 오디세우스도 사후세계에 다녀와서 더욱 성숙한 사람으로 성장하며, 트로이 유민 아이네이아스도 죽은 아버지를 만나고 와서 로마의 선조가 된다. 고대인들도 사후세계에 대한 성찰이 인간을 성숙하게 한다는 사상을 가지고 있었던 것이다.

《신곡》은 작가이자 주인공 단테의 사후세계 여행기다. 정확히 1,300년 부활절을 전후하여 단테가 지옥, 연옥, 천국을 여행하고 돌아온 이야기다. 지옥에서 하루, 연옥에서 삼일, 천국에서 삼일의 여정이며, 작중 여행의 안내자는 베르길리우스와 베아트리체다.

1578년 지오반니 바티스타와 멜치오르 세사가 베니스에서 출판한 《신곡》 표제지.(좌) 《신곡》(김운찬 역, 2011년, 열린책들)(우)

단테는 자신의 정신적 스승으로《아이네이스》에서 사후세계를 묘사했던 베르길리우스와 지옥과 연옥을 여행한다. 그리고 평생 단 두 번 밖에 만나지 못했지만 평생의 사랑이었던 뮤즈 베아트리체와 천국을 여행한다. 단테는 여행 중 수많은 신화 속 주인공들과 역사적 인물들을 만나 대화하며 자신이 깨달은 교훈과 신앙적 깨달음을 우리에게 전해 준다.

이 작품은 중세 가톨릭 교리를 바탕으로 하고 있다. 작중에서 베르길리우스는 기독교 이전 인물이기 때문에, 단테를 천국으로 안내할 수 없다. 역삼각형 형태로 지하에 존재하는 지옥 중 제일 윗부분은 고통이 없는 지옥이다. 여기에는 예수께서 세상에 오시기 이전 인물들이기에 천국에는 갈 수 없지만 인류에 기여했던 사람들이 거하는 곳이다. 위대한 그리스의 시인 호메로스와 유명한 철학자 플라톤, 아리스토텔레스 등이 있다. 또한 사후세계의 구조가 천국과 지옥이 아니라, 연옥이 첨가된다. 연옥은 가톨릭의 교리적 가르침에 존재하는 장소로《신곡》에서는 지상과 붙어 있는 산으로 묘사되는데, 개신교인들에게는 일종의 성화의 과정이며 천국을 훈련하는 이생의 삶이라 보면 될 것이다.

《신곡》(김운찬 역, 2011년, 열린책들)

김운찬 교수는 신곡을 '이승의 삶을 위한 저승 여행'이라고 했는데, 인생의 딱 중간에서 권력으로부터 좌천된 후 작품 속 사후세계 여행을 통해 남은 이생을 위한 참된 성찰을 했다는 점에서 적절한 표현이다. 사실 사후세계에 대한 성찰은 우리 모두에게 매우 필요하다. 단테를 통해 우리는 그리스로마 신화를 통해 나오는 고대 서양의 정신세계와 성경에서부터 나오는 기독교 정신세계를 통합하여 사후세계를 여행함으로써(이 여행이 논픽션은 아니지만) 남은 인생을 위한 위대한 교훈을 얻을 수 있을 것이다.

그리스로마신화와 성경을 모르면
신곡을 읽을 수 없다.

읽기 어려운 작품은 우리의 배경지식을 많이 넘어섰기 때문인 경우가 많다. 인명, 지명, 역사적 사건을 잘 알지 못하면 글이 잘 읽히지 않는다. 신곡은 이런 경우에 딱 들어맞는 작품인데, 그리스로마신화와 기독교 신앙의 배경 지식이 없으면 거의 독해가 안 되는 작품이다. 대표적인 구절 하나를 기억해 보자. 단테는 숲 속을 헤매다가 베르길리우스를 만나서 사후세계 여행을 하게 되었을 때 이렇게 말한다.

> 하지만 저는 왜 갑니까? 누가 허락합니까?
> 저는 아이네아스도, 바울도 아니고,
> 그럴 만한 가치가 없다고 생각합니다.(지옥편 2곡 30-33행)

고전 속 인물 아이네아스와 바울이 이 한 문장에서 만나고 있다. 단테는 베르길리우스의 작품에서 사후세계(지옥)를 여행하고 돌아온 아이네아스와 성경 고린도후서 12장에서 천상의 경험을 고백한 바울을 모티브로 해서, 작품 속에서 사후 세계를 여행하기 전 단테가 자신의 부족함을 고백하는 위대한 한 구절을 만들어낸 것이다.

단테는 신곡에서 성경의 전통과 그리스로마 전통을 조화시킨다. 그는

게으름의 죄를 지은 사람들의 예로 출애굽을 했으나 가나안 땅에 들어가
지 못한 이스라엘 백성과 출트로이를 했으나 로마에 가지 못한 트로이 유
민들을 든다.

　　필요할 때마다 나를 도와주는 분이
　　말하셨다. "이쪽으로 와서, 게으름을
　　물어뜯으며 오는 저 두 사람을 보라."

　　둘은 모두의 뒤에서 소리쳤다. "바다가
　　눈앞에서 열렸던 사람들은 요르단이

19세기 찰스 잘라버트가 그린 유화 <마에케나스 집에 모인 호라티우스, 베르길리우스, 와리우스>

자기 후손을 보기 전에 이미 죽었노라."

그리고 외쳤다. "안키세스의 아들과 함께

끝까지 시련을 겪지 않은 사람들은

영광 없는 삶에 자신을 바쳤노라."(연옥편 18곡 130~138행)

　작가는 교만한 자들이 벌을 받는 연옥에 있는 오만으로 죽은 이들의 조
각상들을 묘사한다. 하나님을 대적한 천사, 제우스를 대적한 브리아레오
스(머리 50개, 손이 100개인 헤타톤케이레스 삼형제
중 하나), 자녀가 많음을 자랑하며 신에게
대적한 교만한 니오베, 하나님의 말씀을
거부한 사울, 자신의 재능에 교만해져서
아테네 여신과 베 짜기 경쟁을 하다가 거
미가 된 아라크네, 교만하여 악한 정치를
펼친 솔로몬의 아들 르호보암과 아버지
의 명령에 따라 어머니를 죽인 알크마이
온, 이스라엘을 침략했던 산헤립 등의 조

100개의 팔과 50개의 머리를 지닌 거인
삼형제 헤카톤케이레스 중 한 명인 브리아
레오스.

각을 묘사하는데, 모두 그리스로마 신화와 성경에 나오는 인물들로 교만
하여 멸망한 자들이었다.

　나는 다른 창조물보다 더 고귀하게

　창조된 자가 하늘에서 번개처럼

　아래로 떨어짐을 한쪽에서 보았고,

　다른 한쪽에서는 하늘의 창에 찔린

브리아레오스가 싸늘하게 죽어
무겁게 땅바닥에 누운 것을 보았고,
…

오, 니오베여, 죽은 일곱 아들과 일곱
딸 사이의 네 모습이 길에 새겨진 것을
나는 얼마나 괴로운 눈으로 보았던가!

오, 사울이여, 길보아에서 네 칼로
죽은 뒤에는 비도 이슬도 느끼지
못했는데 어찌 여기 나타났는가!

오, 미친 아라크네여, 너 자신에게
불행이 된 찢긴 작품 위에서 슬프게
벌써 반쯤 거미가 된 네가 보이는구나.

오, 르하브암이여, 여기 네 모습은
위협적으로 보이지 않으나 겁에 질려
쫓기지도 않는데 마차를 달리는구나.

또한 단단한 바닥은 알크마이온이
자기 어머니에게 불행의 장신구가
얼마나 비싼지 보여 주고 있었고,

신전 안에서 산헤립에게 자식들이
덤벼드는 모습과, 죽은 그를 그곳에

내버리고 도망가는 모습을 보여 주었고,(연옥편 12곡 25~54행)

이렇게 함축적인 시적 문장으로 가득한《신곡》은 톨스토이의《전쟁과 평화》나 빅토르 위고의《레미제라블》등과 비교해서 내용이 훨씬 짧지만, 읽기는 몇 배 더 어렵다. 반대로 생각해 보면 서양 고전, 나아가 인간 정신세계의 큰 두 줄기를 한꺼번에 꿰뚫는 위대한 이야기들을 많이 만날 수 있는 작품인 것이다.

빛이요 사랑이신 하나님과의 교제가
하나님나라를 누리는 길이다

《신곡》의 천국편은 만물을 움직이는 자의 영광의 빛으로 시작해서 태양과 뭇 별들을 움직이는 사랑으로 끝난다. 천국편의 시작 부분은 이렇다.

모든 것을 움직이시는 분의 영광은
온 우주에 침투하지만 어떤 곳에는
많이, 또 다른 곳에는 적게 비춘다.

나는 그 빛을 가장 많이 받는 하늘에
있었고, 그 위에서 내려오는 사람이라도
말로 표현할 수 없는 것들을 보았다.(천국편 1곡 1-6행)

단테가 그리는 천국은 하나님의 영광의 빛으로 가득한 곳이다. 단테는 요한의 증언을 전한 듯 하다.

'우리가 그에게서 듣고 너희에게 전하는 소식은 이것이니 곧 하나님은 빛이시라 그에게는 어둠이 조금도 없으시다는 것이니라'(요일 1:5)

천국은 또한 사랑의 힘으로 가득한 곳으로 단테는 그리고 있다. 천국편의 마지막 부분은 이렇다.

다만 내 정신이 섬광에 맞은 듯했고,
그 덕택에 내 소망은 마침내 이루어졌다.

여기 고귀한 환상에 내 힘은 소진했지만,
한결같이 돌아가는 바퀴처럼 나의
열망과 의욕은 다시 돌고 있었으니,

태양과 별들을 움직이는 사랑 덕택이었다(천국편 33곡 140-145행)

천국은 하나님의 사랑의 힘으로 움직이는 곳이다. 천국편의 마지막도 요한의 증언과 일치한다.

'하나님이 우리를 사랑하시는 사랑을 우리가 알고 믿었노니 하나님은 사랑이시라'(요일 4:16)

하나님을 배신한 사탄의 미혹을 따라 선악과를 따 먹은 인류는 어둠으로 가

1817~1827년 필립 베이트가 그린 프레스코화 <단테와 베아트리체가 토마스 아퀴나스, 알베르투스 마그누스, 피터 롬바르디아, 시제루스 등 지혜의 교사에 대해 이야기하다>

211

득한 세상, 미움과 증오로 가득한 세상을 만들었다. 이것이 지상에서 이미 경험하고 있는 지옥이며, 장차 영원히 형벌 받을 운명을 만들었다. 하지만 영광으로 빛나는 하나님의 사랑이 예수 그리스도를 우리에게 보내셨고, 이 땅에서 하나님나라를 누릴 뿐 아니라 영원한 나라를 상속 받을 은혜를 주셨다. 성경은 세상을 창조하신 하나님의 영광으로 시작해서(창세기), 그분의 사랑을 인류에게 확증하신 예수 그리스도의 다시 오심을 소망하면서 끝난다(요한계시록).

우리는 이 땅에서 천국을 누리며, 장차 영원한 천국의 소망을 갖기 위해 주님과 교제해야 한다. 빛이요 사랑이신 주님과의 교제만이 우리를 변화시키고, 천국을 누리는 길을 제공한다.

> '우리가 보고 들은 바를 너희에게도 전함은 너희로 우리와 사귐이 있게 하려 함이니 우리의 사귐은 아버지와 그의 아들 예수 그리스도와 더불어 누림이라… 그가 빛 가운데 계신 것 같이 우리도 빛 가운데 행하면 우리가 서로 사귐이 있고 그 아들 예수의 피가 우리를 모든 죄에서 깨끗하게 하실 것이요… 하나님은 사랑이시라 사랑 안에 거하는 자는 하나님 안에 거하고 하나님도 그의 안에 거하시느니라'(요일 1:3, 1:7, 4:16)

소망이 없는 곳이 바로 지옥이다.
따라서 주님 안에 소망을 품으면 그 어디나 천국이 된다

단테는 베르길리우스의 안내로 지옥에 접어들다가 까무러친다. 신곡에서 묘사된 지옥문 위에는 다음과 같은 말이 어두운 색깔로 새겨져 있다.

나를 거쳐 고통의 도시로 들어가고,

나를 거쳐 영원한 고통으로 들어가고,

나를 거쳐 길 잃은 무리 속에 들어가노라.

정의는 높으신 내 창조주를 움직였으니,

성스러운 힘과 최고의 지혜,

최초의 사랑이 나를 만드셨노라.

내 앞에 창조된 것은 영원한 것들뿐,

나는 영원히 지속되니, 여기 들어오는

너희들은 모든 희망을 버릴지어다.(지옥편 3곡 1-9행)

　　단테가 묘사하는 지옥은 슬픔의 나라, 영원한 가책에 시달리는 영적 고
통의 나라, 파멸한 사람들이 모인 곳이다. 지옥은 영원 전부터 영원 후까
지 반드시 존재하는 곳이다. 현대인들은 지옥을 거부하지만, 하나님의 정
의는 지옥의 존재를 분명히 실증한
다. 지옥에 대한 단테의 설명은 '모
든 희망이 사라진 곳'이다. 지옥은
하나님을 반역하고 고통의 삶을 살
아가는데도 불구하고 끝까지 하나
님을 찾지 않고 욕망에 이끌려 죄
를 범하며 살아가는 이들, 인류의
구원을 위해 예수님이 오셔서 죽음
에서 부활하여 분명한 증거를 보
여주심에도 불구하고 하나님께로

단테가 지옥에서 보카 델리 아바티를 만나는 장면을 그린 귀
스타브 도레의 판화.

돌아오지 않는 이들이 만들어내는 이 땅의 현실이다. 나아가 지옥은 그런 이들이 최종적으로 영원한 형벌을 받는 사후세계다.

주님을 믿는 우리는 어떤 상황에서도 소망을 잃지 않아야 한다. 우리는 구원의 소망의 투구를 쓰고, 우리의 생각(머리)에서 소망을 빼앗는 사탄의 계략으로부터 승리해야 한다.

'우리는 낮에 속하였으니 정신을 차리고 믿음과 사랑의 호심경을 붙이고, 구원의 소망의 투구를 쓰자'(살전 5:8)

미래에 대한 두려움으로 소망을 잃게 만드는 이 세상, 죄악이 가득하여 살아가기 힘든 세상 가운데서도 부활하신 주님을 붙잡고 소망을 잃지 않는 것이 하나님나라를 누리는 비결이다.

'또 약속하신 이는 미쁘시니 우리가 믿는 도리의 소망을 움직이지 말며 굳게 잡고'(히 10:23)

하나님께 소망을 두고 살지 않고 있다면 우리는 이미 지옥을 살고 있는 것이다. 《신곡》에서 세상의 재물과 권력, 정욕은 소망의 대상이 아니라, 우리를 지옥으로 이끄는 유혹이다. 우리에게 참된 구원을 주시는 하나님께만 소망을 두도록 하자.

'네가 이 세대에서 부한 자들을 명하여 마음을 높이지 말고 정함이 없는 재물에 소망을 두지 말고 오직 우리에게 모든 것을 후히 주사 누리게 하시는 하나님께 두며'(딤전 6:17)

주님을 소망하라. 지금 우리가 거하는 현실 속에서 천국을 누릴 것이다.

인생의 절정기에 있는가?
주님을 바라보지 않으면 나락으로 떨어진다.
반대로 인생의 나락에 떨어졌는가?
주님을 바라보면 진정한 인생의 성공이 찾아온다

    단테는 작중에서 1,300년 부활절을 지옥과 연옥과 천국 여행의 시점으로 잡는다. 1,300년 당시 그는 고향 피렌체에서 정치인으로 화려한 삶을 살아가다가 반대파가 정권을 잡으면서 본인은 정치를 그만두고 망명한 해이다. 그는 인생의 절정기에서 나락으로 떨어졌고, 망명지인 라벤나에서 《신곡》을 쓰게 된다. 그는 부정부패에 연루되었다

이탈리아 에밀리아로마냐주에 있는 도시 라벤나.

는 죄목으로 권력을 잃었는데 남들이 보기에는 나락으로 떨어진 것이다. 지옥 1곡에서 그는 길을 잃고 짐승들에게 쫓긴다.

우리 인생길의 한중간에서
나는 어두운 숲속에 있었으니
올바른 길을 잃어버렸기 때문이다.

아, 얼마나 거칠고 황량하고 험한
숲이었는지 말하기 힘든 일이니,

고향 피렌체에서 정치인으로 성공하여 권력과 재물을 누리며 살던 단테는 자신의 삶을 올바른 길을 벗어난 것으로 묘사한다. 그는 실상 컴컴한 숲 속에 있었다고 한다. 그 숲 속에는 세 짐승이 있다. 표범, 사자, 늑대다. 욕망, 권력, 탐욕을 상징한다고 보이는 세 짐승은 단테가 숲을 빠져 나가지 못하게 한다. 단테는 그렇게 인생의 절정기에서 주님을 바라보지 못하고 나락으로 떨어질 뻔했던 것이다. 우리가 인생의 절정기에 있다면, 젊고, 건강하고, 성공하고, 많은 부를 누리고 있다면 그 때가 주님을 바라볼 때라고 단테는 말하고 있다. 그렇지 않다면 반드시 길을 잃고 나락으로 떨어지게 된다는 것을 자신의 삶을 통해 깨달았기 때문이다.

그가 숲에서 빠져나가 새로운 삶을 향해 나아가려고 애쓰는 과정에서 천국에 있는 베아트리체는 베르길리우스를 보낸다. 그에 의해 단테는 욕망과 권력과 탐욕의 숲에서 벗어나게 된다. 그리고 지옥과 연옥과 천국을, 나아가서 성경을 통해 인생을 다시 생각하게 되었다. 그는 인생의 나락으로 떨어질 뻔 하였으나 경건한 작가로 새로운 삶을 살아가게 되었다. 그 이유는 말씀을 묵상하며 주님을 바라보았기 때문이다. 그는 그 깊은 절망과 좌절을 딛고 새로운 삶을 살게 된다. 작가로서 인생을 숙고하는 삶은 그가 원했던 삶이 아니었을지 모른다. 그러나 그것이 그에게 주어진 진정한 성공의 길이었다. 작품 안에서 단테는 지옥에서 죄의 결과로 주어지는 영원한 고통을 바라보고, 연옥에서 경건의 훈련을 멀리했던 사람들이 당하는 고통스러운 연단의 과정을 보면서 참된 진리에 도달하게 된다.

인간은 욕망, 권력, 탐욕으로 길을 잃는다. 세상에는 길을 잃게 하는 짐승들이 많다. 다니엘은 바다에서 나온 네 짐승을 묘사한다. 사람의 마음을 받은 사자, 고기를 탐하는 곰, 권세를 받은 표범, 파괴하는 열 뿔 짐승이다 (다니엘 7장). 이 짐승들은 사탄의 왕국에 속하여 욕망과 권력과 탐욕을 추구하며, 사람들을 미혹하는 권세들이다. 그러나 이 짐승들은 결국 하나님께 권세를 받은 '인자 같은 이'(메시아 예수)에게 멸망할 것이다. 그를 믿는 성도들은 최종적으로 승리한다. 승리의 길은 주님을 믿고 신실하게 살아가는 것이다.

'옛적부터 항상 계신 이가 와서 지극히 높이신 이의 성도들을 위하여 원한을 풀어 주셨고 때가 이르매 성도들이 나라를 얻었더라'(단 7:22)

우리는 사후세계를 가 볼 수 없다. 단테도 직접 가 본 것은 아니다. 단테의 여행은 성경을 통해 떠난 성찰의 여행이다. 우리는 말씀을 통해 미래를 깨닫게 됨으로 믿음의 여행을 떠날 수 있다.

'초상집에 가는 것이 잔칫집에 가는 것보다 나으니 모든 사람의 끝이 이와 같이 됨이라 산 자는 이것을 그의 마음에 둘지어다'(전 7:2)

결국 영원한 형벌의 지옥, 영원한 빛으로 가득한 천국, 이 세상에서의 성숙을 위한 연단으로 볼 수 있는 연옥을 말씀에 대한 상상 속에서 여행한 단테는 남은 인생을 인류 역사상 가장 위대한 시인으로 살게 된다. 일반적으로 우리 인생의 절정기는 욕망, 권력, 탐욕이 채워지는 시기다. 그 절정기에 성경을 통해 진리의 여행을 떠나 주님을 바라본다면, 나락으로 떨어지지 않고 찬란하게 빛나는 하나님나라를 경험하며 살아가게 될 것이다. 나아가 지금 우리가 나락에 떨어져 있더라도 다시 주님을 바라본다면 단테와 같이 제 2의 인생, 진정으로 성공적인 인생의 길을 가게 될 것이다.

행한 대로 갚으리라는 말씀을 기억하며
죄를 멀리하라

단테가 묘사하는 지옥은 아홉 개의 층 23구역으로 되어 있다. 아래로 갈수록 좁아지면서 형벌이 더욱 끔찍해진다. 음란함으로 마음이 흔들려 간통을 했던 자들은 강한 바람에 휘날리며 고통스럽게 살아간다. 폭음과 폭식을 했던 이들은 역겨운 흙탕물에 누워 신음한다. 탐욕으로 재물에 집착했던 이들은 자신의 재물만큼의 무거운 짐을 굴리며 살아간다. 분노로 남을 헐뜯었던 자들은 서로를 물어뜯으며 살아간다. 거짓 예언가들은 미래를 이용해 사람들을 선동하였기에 머리가 180도 돌아가 뒤만 보고 살아간다. 위선자들은 금으로 보이지만 사실 무거운 납으로 된 옷을 입고 계속 걸어가는 형벌을 받고 있다. 분열을 조장한 자들은 자신의 몸이 악마들의 칼에 잘리고, 재생하기를 반복한다.

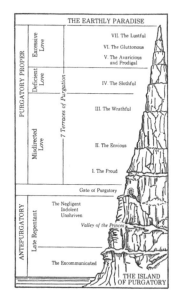

연옥산의 도식적 배열.

연옥에서는 7구역으로 나뉘어 죄를 참회하고 있는데, 이는 주님을 믿은 이후에도 하나님의 통치를 따라 순종하며 살지 않음으로 연단 받는 고통스러운 인생의 과정을 묘사한 것이라 할 수 있다. 연옥의 산을 오르던 그들은 영적 방종으로 회개하는 것을 미루고 죄에 미혹되어 살아가는 영혼들이다. 연옥의 각 구역에서는 죄를 지은 대로 혹독한 참회의 기간을 갖는다. 교만의 죄를 지은 자들은 등에 바위를 짊어지고 있다. 질투의 죄를 지은 자들은 눈이 철사로 꿰매진 채 벌을 받는다. 분노의 죄를 지은 자들은 짙은 연기 속에서 벌을 받고 있다. 나태의 죄를 지은 자들은 계속 달려야 하는 벌을 받고 있다. 탐욕의 죄를 지은 자들은 땅에 납작하게 엎드려 있다. 탐식의 죄를 지은 자들은 비쩍 마른 모습으로 걸어가고 있다. 색욕의 죄를 지은 자들은 불의 장막을 지나가는 벌을 받는다.

육체의 죄악은 매우 분명하다. 우리 양심도 죄를 지적한다.

> '육체의 일은 분명하니 곧 음행과 더러운 것과 호색과 우상 숭배와 주술과 원수를 맺는 것과 분쟁과 시기와 분냄과 당 짓는 것과 분열함과 이단과 투기와 술 취함과 방탕함과 또 그와 같은 것들이라 전에 너희에게 경계한 것과 같이 경계하노니 이런 일을 하는 자들은 하나님의 나라를 유업으로 받지 못할 것이요'(갈 5:19-21)

육체의 죄악들은 우리를 만족시키는 것 같으나 인생을 고통스럽게 한다. 주님이 약속하는 천국을 누리지 못하고 살게 만든다. 주님께서 오시면 행한 대로 갚는다는 것을 단테는 매우 창조적인 상상력으로 표현하고 있다.

> '인자가 아버지의 영광으로 그 천사들과 함께 오리니 그 때에 각 사람이 행한 대로 갚으리라'(마 16:27)

죄는 우리의 삶을 그 죄의 무게만큼 같은 방식으로 망가트린다. 물질에 욕심을 내는 이는 물질로, 자녀에게 자신의 욕망을 강요하는 자는 자식으로, 교만한 자는 낮아짐으로 삶이 망가진다. 그러나 주님의 통치에 순종하는 자는 이 땅에서도 내세에서도 천국을 누린다. 행한 대로 갚으리라는 말씀을 기억하고 죄를 멀리하는 삶을 훈련해 나가자.

100곡으로 구성된 완벽한 구조 : 지옥편(34곡), 연옥편(33곡), 천국편(33곡)

각 곡은 3행의 연 단위로 각운을 따라 진행

(앞 연의 1, 3행 각운과 뒷 연의 2행 각운 일치)

지옥편

단테는 1,300년 봄 35세 인생의 딱 중간 지점에서 길을 잃고 헤매다가 표범, 사자, 암늑대를 맞닥트린다. 베르길리우스가 그를 구해 지옥으로 여행하는 길잡이가 된다.

우리 인생길의 한중간에서
나는 어두운 숲속에 있었으니
올바른 길을 잃어버렸기 때문이다.

아, 얼마나 거칠고 황량하고 험한
숲이었는지 말하기 힘든 일이니,

생각만 해도 두려움이 되살아난다!

죽음 못지않게 쓰라린 일이지만,
거기에서 찾은 선을 이야기하기 위해
내가 거기서 본 다른 것들을 말하련다.(1곡 1~9행)

　　베르길리우스는 세례를 받지 못해 천국에 있지는 못하지만, 단테의 정
신적 스승이며 지옥과 연옥 여행의 길잡이가 된다. 그는 자신을 이렇게
소개한다.

나는 말년의 율리우스 치하에서 태어나
그릇되고 거짓된 신들의 시대에 훌륭한
아우구스투스 치하의 로마에서 살았다.

나는 시인이었고, 오만스러운 일리온이
불탄 뒤 트로이아에서 돌아온 안키세스의
그 정의로운 아들을 노래하였노라.(1곡 70~75행)

단테는 그에게 무한한 찬사를 보낸다.

"그러면 당신은 베르길리우스, 그 넓은
언어의 강물을 흘려보낸 샘물이십니까?"
나는 겸손한 얼굴로 대답하였다.

"오, 다른 시인들의 영광이자 등불이시여,

높은 학식과 커다란 사랑은 유익했으니

나는 당신의 책을 열심히 읽었지요.

당신은 나의 스승이요 나의 저자이시니,

나에게 영광을 안겨 준 아름다운 문체는

오로지 당신에게서 따온 것입니다"(1곡 79~87행)

단테가 평생 사랑했지만 어린 나이에 천국으로 가버린 베아트리체는 천국에서 베르길리우스에게 이렇게 부탁한다.

이제 그대는 움직이시어, 그대의

훌륭한 말과 구원에 필요한 수단으로

그를 도와주어 나에게 위안을 주십시오.

그대를 보내는 나는 베아트리체,

다시 돌아가고 싶은 곳에서 왔으니,

사랑이 나를 움직여 이렇게 말합니다.(2곡 67~72행)

베르길리우스는 그를 데리고 지옥으로 간다. 지옥은 총 9층(1~6층 각 1구역 / 7층 3구역 / 8층 10구역 / 9층 4구역)으로 총 23 구역 역삼각형 모양의 지하세계로, 가장 아래층 9옥에 루키페르(사탄 루시퍼)가 가룟유다와 함께 있다.

1옥

1옥은 예수님 이전에 선하게 살았던 고대인이나, 영아들이 있는 곳으로 플라톤과 아리스토텔레스 등 고대 그리스 철학자들과 율리우스 카이사르 같은 로마의 영웅들, 아이네아스와 헥토르 등 트로이 전쟁의 영웅들과 호메로스와 오비디우스 등의 시인들이 살고 있다.

첫째 원안으로 나를 들어서게 하셨다.
…
그것은 어린아이, 여자, 남자들의
수많은 무리들이 겪는 신체적인
고통이 아닌 괴로움의 소리였다.

훌륭한 스승님은 말하셨다. …
그들은 죄를 짓지 않았고 비록 업적이
있더라도, 네가 믿는 신앙의 본질인
세례를 받지 않았으므로 충분하지 않다.

그들은 그리스도 이전에 살았으니
하느님을 제대로 공경하지 않았고,
나 자신도 그들과 마찬가지이다.(4곡 24~40행)

그렇게 가는 동안 어떤 목소리가
들려왔다. '고귀한 시인을 찬양하라.
떠났던 그의 영혼이 돌아오고 있노라.'
…
그는 최고의 시인 호메로스이다.
다음에 오는 이는 풍자 시인 호라티우스,
셋째는 오비디우스, 마지막이 루카누스다.
조금 전 한 목소리가 부른 시인의 칭호를

나와 함께 모두가 갖고 있기 때문에,

나를 찬양하는데 그것은 잘하는 일이다.(4곡 79~93행)

2옥

2옥은 색욕의 지옥으로 간통을 저지른 자들이 시도 때도 없이 폭풍에 휩쓸려 바람결에 날려 다닌다. 아이네아스의 연인 디도, 클레오파트라, 트로이 전쟁의 원인이 된 헬레네와 파리스 등이 있다.

그 뒤에 음란한 클레오파트라가 있다.

보아라, 헬레네를. 그녀 때문에

지겹던 시절이 지났다. 보아라, 끝에는

사랑 때문에 싸웠던 위대한 아킬레스를.

보아라, 파리스, 트리스탄을.

스승님은 사랑 때문에 삶을 마친 많은 영혼들을

손가락으로 가리키면서 이름을 댔다.(5곡 63~69행)

3옥

3옥은 폭식의 지옥으로 더러운 비와 우박을 맞으며 누워 신음하고, 지옥의 개 케르베로스에게 물어뜯기며 살아간다. 돼지라는 수치스런 칭호를 받는다.

4옥

4옥은 탐욕의 지옥으로 재물에 집착했던 자들과 낭비했던 자들이 돈주머니를 서로 다른 방향으로 굴리는 형벌을 받는다.

> 그분은 말하셨다. "이자들은 모두
> 첫 번째 삶에서 정신의 눈이 멀어
> 절도 있는 소비를 하지 못하였단다.
>
> 정반대의 죄로 서로 나뉜
> 원의 두 지점에 이르면, 저들은
> 분명한 목소리로 저렇게 짖어 댄다.
>
> 이쪽의 머리에 털이 없는 자들은
> 성직자들로 교황과 추기경이었는데
> 지나칠 정도로 탐욕을 부렸지."(7곡 40~48행)

5~6옥

5옥은 분노 지옥이며, 6옥은 이단 지옥이다. 이단 지옥에서는 죄인들이 뜨거운 관 속에서 열기에 신음하는데, 죄의 크기에 따라 열기가 더해진다.

7옥

7옥의 폭력 지옥은 셋으로 구분되는데, 1원 플레게톤 강은 알렉산드로스 대왕처럼 타인에게 폭력을 가한 자들로 끓는 피의 강에서 고통을 받고 있으며, 죄악의 정도에 따라 다른 깊이에 잠겨 신음한다. 2원 자살자의 숲에는 자신에게 폭력을 가한 자들이 움직일 수 없는 나무가 되어 고통 받는다. 3원 가증의 사막인데, 신의 순리에 폭력을 가한 자들로 신성 모독자, 동성애자, 고리대금업자들이 사막 위에서 뜨거운 불에 고통 받는다.

나는 눈썹까지 잠긴 영혼들을 보았는데,

거대한 켄타우로스가 말했다. "저놈들은

재산을 빼앗고 피를 흘리게 한 폭군들이야.

여기서 고통스러운 형벌을 슬퍼하는데,

알렉산드로스와, 시칠리아에 고통의 세월을

안겨 준 잔인한 디오니시오스가 여기 있지."(12곡 104~109행)

8옥

8옥은 사기 지옥으로 사기와 거짓말로 타인들을 파멸에 던진 자들이 10개의 구역에서 10가지 형벌을 받는다. 착취, 아첨, 성직매매, 마술사, 부패한 정치인, 위선자, 도둑질, 악행을 부추긴 자, 분열조장자, 위조범 등이 형벌을 받는다.

착취한 자들은 영원히 빠르게 뛰어야 한다. 아첨꾼들은 똥(거짓말) 속에서 허우적대며 서로 저주를 퍼붓는다. 마술사(거짓 예언자)들은 머리가 뒤틀려 뒤를 돌아보고 걸어 다닌다. 부패한 정치인들은 끈적끈적한 역청 속에서 살아간다. 위선자들은 금빛으로 반짝이지만, 납으로 만들어진 무거운 망토를 입은 채 고개를 숙이고 영원히 걸어가야 한다. 도둑질을 한 자들은 파충류들에게 물리며 뱀의 형상과 인간의 형상을 넘나든다. 타인의 악행을 부추긴 자들은 거대한 불덩어리 속에서 화염에 휩싸여 신음한다. 분열 조장자들은 영원히 악마의 칼에 썰리고 베인다. 위조범들은 끔찍한 질병과 전염병으로 괴로워한다. 8옥 한 가운데에 니므롯처럼 하나님께 대항한 거인들이 갇혀 있다.

그 아래에서 색칠된 사람들이 보였는데,

아주 느린 걸음으로 주위를 걷고 있었고
눈물을 흘리며 지치고 피곤한 기색이었다.

그들은 클뤼니의 수도자들이 입는 것과
동일한 방식으로 만들어진 망토를 입고
두건을 눈앞까지 낮게 드리우고 있었다.

겉은 눈부신 황금빛으로 되어 있었지만
안은 온통 납이었고 엄청나게 무거워
페데리코는 지푸라기를 입혔을 정도이다.

오, 영원하게 무겁고 힘든 망토여!
우리는 또다시 왼쪽으로 돌았고
고통스럽게 우는 그들과 함께 걸었다.

하지만 무게 때문에 피곤한 그 무리는
아주 천천히 걸었으므로 우리는 걸음을
옮길 때마다 새로운 동료와 함께하였다.(23곡 58~72행)

나는 턱에서 방귀 뀌는 곳까지 찢긴
한 사람을 보았는데, 바닥이 부서져 터진
나무통도 그렇게 망가지지는 않았으리라.

다리 사이로는 창자가 늘어져 있었으며
오장(五臟)이 드러나 보였고, 집어삼킨 것을

똥으로 만드는 처량한 주머니도 보였다.

내가 뚫어지게 바라보고 있는 동안 그는
나를 보고 두 손으로 가슴을 열어젖히며
말했다. "자, 찢어진 내 모습을 보아라!

무함마드가 어떻게 망가졌는지 보라!
내 앞에 알리가 울며 가는데 얼굴이
턱에서 이마 머리털까지 쪼개져 있다.(28곡 22~33행)

9옥

9옥은 가장 아래층 배신의 지옥으로 4구역으로 나뉜다. 인류 최초로 가족을 배신하고 동생을 죽인 가인의 이름을 딴 1구역 카이나, 조국 트로이의 배신자 안테노르의 이름을 딴 2구역 안테노라, 외경 마카베오상에 나오는 손님을 배반한 프톨레마이오스의 이름을 딴 3구역 톨로메아, 은혜를 베푼 주님을 배신한 가룟유다의 이름을 딴 4구역 주데카로 나뉜다. 이곳에서는 죄인들이 영원히 차가운 얼음 속에서 신음한다. 카이사르를 암살한 브루투스와 카시우스를 하나님을 반역한 루키페르(사탄)가 뜯어 먹는

60명의 로마원로원 의원들과 함께 율리우스 카이사르를 암살한 브루투스(좌)와 카시우스(우).

다.

스승님이 말하셨다. "저기 위에서 가장 큰 형벌을 받는 영혼이 유다 이스카리옷인데, 머리는 입안에 있고, 다리는 밖에 나와 있다.

머리가 아래로 처박힌 다른 두 놈 중 검은 얼굴에 매달린 놈은 브루투스인데,

보아라, 말도 없이 몸을 비틀고 있구나.

좀 더 건장해 보이는 놈이 카시우스이다.
하지만 또다시 밤이 되니, 이제 떠나야 한다.
우리는 모든 것을 보았으니까."(34곡 61~69행)

연옥편

단테는 베르길리우스와 함께 빛이 없는 지옥에서 빠져나와 햇살을 받으며 연옥에 이른다. 연옥은 산과 같은 모양인데, 믿음을 갖게 되었지만 여전히 죄의 유혹 속에 살았던 자들이 죄를 참회하며 용서의 기회를 얻는 곳이다.

이 산은,
아래의 시작 부분은 아주 험하지만
위로 오를수록 덜 험하도록 되어 있다.

따라서 위로 오르기가 한결 가벼워져
마치 배를 타고 물결을 따라가듯이
이 산이 아주 기분 좋게 느껴질 때면,

너는 이 길의 끝에 도달할 것이고
그곳에 고달픔의 휴식이 기다리니,
더 말하지 않겠지만 그것은 사실이다.(4곡 88~96행)

연옥산의 제일 아래는 예비 구역, 제일 위는 지상 낙원이며, 죄인들이 참회하며 죄를 회개하는 구역은 총 7개다. 각각의 구역에서 '교만, 질투, 분노, 나태, 탐욕, 탐식, 색욕'의 죄를 지은 이들이 참회한다. 연옥에 들어가기 전 천사들은 단테의 이마에 죄를 의미하는 P자(Peccato)를 7개 새겨준다. 하나의 구역을 통과할 때마다 문자가 하나씩 없어진다.

> 그분은 칼끝으로 나의 이마 위에다
> 일곱 개의 P자를 표시하고 말하셨다.
> "안으로 들어가 이 상처들을 씻어라."(9곡 113~115행)

연옥에 들어갈 때 노래가 들린다. 그것은 산상설교다. 마음이 가난해져야 죄가 해결되기 때문이다.

> 우리가 그곳으로 몸을 돌리는 동안
> '마음이 가난한 사람은 행복하다!'
> 어떤 말보다 달콤한 노래가 들려왔다.(12곡 109~111행)

1~2구역 교만 질투

교만의 죄를 지은 자들은 등에 바위를 짊어지고 있다. 질투의 죄를 지은 자들은 눈이 철사로 꿰매진 채 벌을 받는다.

> 또한 눈먼 이들에게 태양이 소용없듯이,
> 지금 내가 말하는 곳의 영혼들에게도
> 하늘의 빛은 자신을 베풀지 않았으니,

그들 모두의 눈꺼풀이 철사로 뚫려

꿰매져 있었고, 잠자코 있지 못하는

야생 매에게 하는 것과 똑같았다.(13곡 67~72행)

3~5구역 분노 나태 탐욕

분노의 죄를 지은 자들은 짙은 연기 속에서 벌을 받고 있다. 나태의 죄를 지은 자들이 계속 달려야 하는 벌을 받고 있다. 탐욕의 죄를 지은 자들이 땅에 납작하게 엎드려 있다.

게걸스러운 자기 욕심만 뒤따르다가

영원한 웃음거리가 된 탐욕스러운

미다스의 초라함을 기억하지요.

또한 봉헌물을 훔친 어리석은 아칸을

모두 기억하니, 마치 여호수아의 분노가

여기에서 아직도 그를 물고 있는 듯하고,

…

오명이 산 전체를 돌도록 되새기고,

마지막으로 외치지요. '크라수스야,

말해 보아라, 황금이 무슨 맛이더냐?'(20

곡 106~117행)

6구역 탐식

탐식의 죄를 지은 자들이 비쩍 마른 모습으로 걸어가고 있다.

베르길리우스의 영에 이끌려 연옥산에 오르던 단테가 5번째 코니스에서 땅에 엎드려 있는 영혼들을 만난다. 그림은 귀스타브 도레의 판화.

또 옛날 로마의 여자들은 마실 것으로
물로 만족하였으며, 또한 다니엘은
음식을 경멸하고도 지혜를 얻었노라.
…

들꿀과 메뚜기는 사막에서 세례자를
먹여 살린 음식이었으니 그렇기 때문에
그는 복음서가 너희에게 열어 보이듯이,
그렇게 영광되고 가장 위대하였노라.(22곡 145~154행)

모두들 눈이 검게 움푹 파여 있었고,
창백한 얼굴은 얼마나 야위었는지
뼈에 가죽만 붙어 있는 모습이었다.

에리시크톤이 굶주림 때문에 메마른
껍질처럼 말라서 아주 무섭게 보였을
때에도 그렇게 마르지는 않았으리라.(23곡 22~27행)

7구역 색욕

색욕의 죄를 지은 자들이 불의 장막을 지나가는 벌을 받는다.

다정한 환영의 인사가 끝나자마자
그들은 채 한 걸음을 옮기기도 전에
각자 지칠 정도로 크게 고함을 질렀다.

새 무리는 〈소돔과 고모라〉라고 외치고

다른 무리는 〈파시파에가 암소 속에
들어가고 황소는 음욕을 채우네〉라고 외쳤다.(26곡 37~42행)

죄를 씻고 나면 지상낙원에 이르러 천국으로 올라가기 전에 지상의 죄
를 망각하게 하는 레테 강에 몸을 씻고, 선행의 기억을 새롭게 하는 에우
노에 강물을 맛보는 정화과정을 거친다.

이쪽으로는 사람에게 죄의 기억을
없애 주는 힘과 함께 흐르고, 저쪽은
온갖 선행의 기억을 되살려 준답니다.

이쪽은 레테, 저쪽은 에우노에라
일컫는데, 이쪽과 저쪽을 모두
맛보지 않으면 아무런 효과가 없고.(28곡 127~132행)

드디어 베아트리체가 모습을 드러내고, 빛으로 찬란한 천국 여행에 대
비하여 자신의 눈에 비친 태양빛을 단테의 눈에 반사시켜 눈을 단련시킨
다. 단테는 베르길리우스와 작별하고, 베아트리체의 안내를 받아 천국에
오른다.

천국편

단테와 베아트리체는 낙원에 도착한다. 천국의 구조는 천동설을 반영
한다.

화염천-지구와 달의 중간

1구역 월성천(선한 자)

2구역 수성천(비전 있는 자 : 유스티니아누스 황제)

3구역 금성천(사랑이 넘치는 자 : 앙주의 샤를)

4구역 태양천(지혜로운 자들 : 솔로몬, 토마스 아퀴나스, 크리소스토무스)

5구역 화성천(용감했던 자들 : 여호수아, 카롤루스대제)

6구역 목성천(정의로운 자들 : 다윗, 히스기야, 콘스탄티누스 등)

7구역 토성천(사색이 깊은 자 : 베네딕토)

8구역 항성천(베드로, 요한, 야고보, 그들과 믿음 소망 사랑에 관해 대화)

9구역 원동천(물리적 우주의 마지막 영역으로 천사들)

10구역 지고천(엠피레오라 부르는 하나님의 영역, 하나님, 예수님, 마리아, 아담, 라헬, 룻, 베아트리체, 프란치스코, 아우구스티우스)

1882~1884년에 헨리 홀리데이가 그린 유화 <단테와 베아트리체>

수성천에는 비잔틴 제국의 황제로, 법전을 만들고, 성 소피아 성당을 건설한 야심가 유스티니아누스가 자신에 대해 이야기한다.(6곡)

목성천에서는 예수를 믿음으로만 구원을 받는지에 대해서 논한다.(19곡)

나는 황제였으니 바로 유스티니아누스요.
내가 지금 느끼는 최초 사랑의 뜻대로
법률에서 지나치고 쓸모없는 것을 없앴지요.

그리고 나는 그 작업에 몰두하기 전에,
그리스도 안에는 단 하나의 성격만 있다고
믿었고, 그런 믿음에 만족하였답니다.(6곡 10~15행)

너는 말했지. "그리스도에 대하여 논하는
사람도 없고, 읽거나 쓰는 사람도 없는
인도의 강변에서 한 사람이 태어나는데,

그의 모든 의지와 훌륭한 행동은
인간의 이성으로 판단해 볼 때
삶이나 설교에서 아무 죄가 없습니다.

그는 세례도 받지 않고 믿음도 없이
죽습니다. 어떤 정의가 그를 처벌합니까?
믿지 않는다고 그의 죄가 어디 있습니까?"

다시 말했다. "그리스도께서 십자가에
못 박히시기 이전이나 이후에, 그분을
믿지 않은 자는 이 왕국에 오르지 못했다.

하지만 보아라. '그리스도여, 그리스도여!' 외치는
많은 사람이 심판 때는 그리스도를 몰랐던
사람보다 그분에게서 더 멀리 있게 될 것이다."(19곡 70~78행, 103~108행)

08장

사 람 냄새 물씬 나는
백 개 의 이 야 기

보카치오《데카메론》

(번역본 : 한형곤 역, 동서문화사)

흑사병이 가능하게 한 새로운 변화

보카치오는 첫째 날 이야기를 흑사병의 참상을 상세히 묘사하는 것으로 시작한다.

> 앞에서도 말씀드렸듯, 내가 직접 눈으로 수없이 본 것 가운데 어느 날 이런 경험이 있었습니다. 이 병으로 죽은 어느 가난한 사람의 누더기가 길바닥에 버려져 있었는데, 마침 돼지 두 마리가 그곳에 왔습니다. 여느 때처럼 돼지들은 꿀꿀거리며 코끝으로 쑤석거리더니 이어 입에 물고 휘두르기 시작했습니다. 그러자 어떻게 되었을까요. 독을 쐰 것처럼 금방 경련을 일으키더니, 마구 쑤석거리고 휘두르던 누더기 위에 두 마리가 그대로 쓰러져 죽어 버리지 않겠습니까.(첫째 날)

《데카메론》은 14세기 중반부터 유럽에서 창궐하기 시작하여 엄청난 사람들을 죽음과 공포로 몰아넣었던 흑사병이라는 시대적 배경을 담고 있다. 이 질병은 그야말로 유례없이 유럽을 공포로 몰아넣었고, 결과적으로 사회 변화를 가속화했다. 이탈리아 전역에서 부자들이 흑사병을 물리칠 목적으로 기독교 성화를 소장하려고 했기 때문에 미술의 급속한 발전이 이루어졌다. 문학과 예술 전반에서 인간에 대한 이야기가 유행하기 시작한 것도 흑사병으로 가능했던 일이다. 르네상스로 가는 인문주의의 물결이 흑사병으로 가능했는데, 그 핵심이 이 작품에 있다. 문학과 예술의 주제가 신앙적인 것에서 벗어나 인간의 문제로 확대된 것이 인문주의의 핵심이었다.

보카치오는 혼란스러운 시대를 틈타 이미 준비하고 있었던 작품을 발표했던 것으로 보인다. 이 작품은 사랑을 담은 슬픈 이야기부터 감동적인 교훈을 주는 이야기, 재미있는 이야기를 많이 담고 있는데 핵심은 인간이 주제라는 것이다. 교회와 성직자들에 대한 내용은 주로 그들의 신앙보다는 인간적인 면모를 다루다보니 신랄한 비판과 풍자가 많다. 그들도 인간이기에 그들의 본성과 욕망의 문제를 다루었다. 상상할 수 없이 많은 이들을 죽음으로 몰고 갔던 흑사병. 마을 전체를 초토화시키기도 했으며, 장례식을 할 수도 없이 시체가 나뒹굴었던 시대적 배경은 받아들이기 어려운 변화를 갑자기 받아들이게 했다. 아니 어쩌면 이러한 변화를 거부하거나 혹은 받아들이고자 하는 준비 없이 그냥 변화가 진행되었다는 것이 맞는 말일 것이다. 물론 로마 교황청은 20세기까지도 이 책을 금서로 지정하긴 했지만 말이다.

1492년 베니스에서 출판된 《데카메론》의 1쪽 삽화.(좌)
《데카메론》(한형곤 역, 2016년, 동서문화사)(우)

《신곡》과《데카메론》의 비교

14세기 초 단테가 쓴《신곡》과 14세기 중반 보카치오가 쓴《데카메론》은 여러 면에서 대조가 된다. 전자는 유럽에서 페스트가 시작되기 전 완벽한 구성미를 갖춘 운문으로, 사후세계를 신앙적 관점에서 성찰하며 내세의 천국으로 마무리된다. 중세문학의 완성된 형태라고 볼 수 있겠다. 후자는 형식적인 면에서도 산문의 형태를 통해 새로운 방향을 열었으며, 내용적인 면에서도 인간의 본성과 욕망에 집중한 작품이다. 근대문학을 시작한 작품이라 할 수 있겠다. 종교적 내용의 운문과 인간적 내용의 산문은 내용과 형식이 적절한 것 같다.

보카치오(1313-1375)는 단테보다 대략 한 세대 정도 후의 인물로 운문도 많이 남겼다. 그는《신곡》의 원제인 'La Commedia'(희극)에 'Divina'(신성한)라는 말을 넣을 만큼 단테를 존경하고 많은 영향을 받았다.《신곡》이 100개의 칸토(노래)로 되어 있듯,《데카메론》도 100개의 이야기로 되어 있다. 각 이야기들은 마지막에 노래로 마무리된다. 단테가 신곡을 쓸 때 라틴어가 아닌 피렌체 지방에서 사용하던 이탈리아어를 사용했던 것과 동일하게 보카치오도 민중들이 사용하는 말로 작품을 완성했다. 단테와 보카치오는 닮은 듯 다른 듯, 한 시대를 마무리하며, 새로운 시대를 여는 위대한 한 쌍의 작품이 되었다.

여성들을 위로하기 위해
인간의 본성을 폭로한 100가지 이야기

작가는 피렌체 부근에서 부유한 상인의 사생아로 태어났다. 그는 페스트의 참상을 목격하고 1348년 《데카메론》을 집필했다. 단테, 페트라르카와 함께 이탈리아 르네상스를 이끈 인문학자로 평가된다. 보카치오가 태어났던 피렌체(토스카나 지방)는 이미 단테가 문화적 바탕을 다졌고, 높은 문자해독력을 가진 지방이었다고 한다. 문학 뿐 아니라, 예술로도 탁월한 도시 피렌체에서 그는 이탈리아 뿐 아니라, 프랑스와 영국과 지중해 여러 도시들과 페르시아에서 전해져 오던 수많은 민담들을 모으고 편집하여 위대한 고전을 만들었다.

단테에게 베아트리체라는 뮤즈가 있었듯이, 보카치오는 마리아라는 귀족 여인을 사랑했다. 그는 마리아를 피암메따라는 이름의 여성으로 등장시킨다. 《데카메론》의 머리말에 다음과 같이 그녀와의 사랑을 고백한다. '나같이 신분 낮은 사람이 이런 실토를 하는 것은 아마 그리 걸맞지 않는 일로 여겨지겠지만, 젊었을 때부터 지금까지 나는 신분이 다른 고귀한 분과의 사랑에 몸을 태워 왔습니다.' 이런 영향이었는지 그는 여성들을 위로하기 위해 이 작품을 썼다고 밝힌다. 마리아와의 사랑에 빠져 괴로워했던 보카치오는 모든 여성들을 위로하기 위한 목적으로 이 작품을 쓴다. 머리말 한 구절을 다시 인용해 보자.

지오반니 보카치오의 유화 초상화.

게다가 부인네들은 부모며 형제며 남편의 기분, 기쁨, 또는 주의 등에 묶여 온종일 좁은 방 안에 갇혀서, 아무것도 하는 일 없이 심심하게 앉아 때로는 이렇게 하고 싶기도 하고, 때로는 하고 싶지 않기도 하면서 반드시 즐겁다고 할 수는 없는 여러 자기 상념에 잠겨 있습니다. 이렇듯 심한 욕망에서 일어난 우울증의 포로가 되어 버리면, 무언가 새로운 이유로 그것을 없애지 않는 한 가슴 속에 응어리져 무거운 고뇌가 고질화되고 말지요. …

마음씨 부드러운 부인네들은 우리가 목격하듯 서글프도록 약합니다. 그래서 사랑을 하고 있는 부인네들의 구원도 되고 위안도 되는 … 백 편의 이야기를 소개하려고 생각한 것입니다. 그 가운데에는 동화와 비유와 역사 이야기 등 여러 가지가 있습니다.(머리말)

신랄한 비판과 풍자를 담고 있는 《데카메론》

《데카메론》은 독자에게 때로 불쾌감을 준다. 너무나 심하다 싶을 정

1878년 단테 가브리엘 로제티가 유화로 그린 초상화 〈피암메타의 환상〉. 피암메타는 보카치오의 연인이자 뮤즈인 마리아 다퀴노와 동일시되는 나폴리 귀족 여성이다.

도의 신랄한 비판과 풍자가 등장하기 때문이다. 단테는 《신곡》 지옥편에서 고통당하는 인물들을 등장시켜 신랄하게 그들의 죄를 비판한다. 주로 그리스로마 신화에 나오는 인물들과 성경에 나오는 인물들, 그리고 이탈리아의 과거와 당대의 인물들이다. 그래도 신곡의 풍자는 고상하다.

《데카메론》에 등장하는 인물들은 피렌체와 이탈리아를 넘어 다양한 지역의 과거와 당대의 인물들인데, 주로 정치인들과 종교인들, 특히 타락한 중세 말기의 성직자들이다. 데카메론은 저속한 표현

들을 주저 없이 사용하여 그 시대를 풍자한다. 작가 자신도 그 부분을 어느 정도는 인정하고 있다. '나는 우스개와 허튼 이야기가 너무 많으며 그러한 서술은 신중하고 젊은 사람에게 알맞지 않다고 말하는 부인들이 있음을 조금도 의심하지 않습니다.'(맺음말)

10일 간의 이야기인 《데카메론》은 저자 자신이 《갈레오또 공 이야기》라는 부제를 달았다. 갈레오또 공은 아더왕의 원탁의 기사 중 하나였는데, 불륜의 로맨스를 다룬 《갈레오또 이야기》를 썼다고 한다. 이 작품은 키스 장면으로 유명했다고 한다. 보카치

1867년 단테 가브리엘 로제티가 연필과 수채화로 그린 <파올로와 프란체스카 다 라미니>. 불륜 로맨스를 다룬 《갈레오또 이야기》의 가장 유명한 키스 장면을 묘사한 작품이다.

오는 이 부제를 통해 이미 저속한 이야기들까지 여과 없이 쓰겠다는 결심을 밝힌 셈이다. 저속한 이야기들까지 지나칠 정도로 만날 수 있는《데카메론》의 내용으로 들어가 보자.

악한 세상을 살아갈 때 하늘의 지혜가 필요하다

피암메따가 나눈 첫째 날 다섯 번째 이야기

로마 가톨릭 교회의 호위장관 몬페라르또 후작이라는 사람이 있었다. 그는 십자군 전쟁에도 참가했던 사람이었다. 이 후작의 무용담은 프랑스 왕 필립에게까지 들렸으며, 그의 부인도 아름답고 훌륭한 여성이라는 소문이 자자했다. 프랑스 왕은 말만 듣고도 그녀에게 끌려서 사랑에 사로잡혔다. 그는 남편 후작이 없는 시기를 틈타 그녀를 유혹하려고, 적절한 시기에 구실을 만들어 부하들을 이끌고 후작의 집으로 출발했다. 그리고 후작의 영지에 도착하기 하루 전 신하를 보내어, 후작 부인에게 아침식사 시중을 들어달라고 부탁했다.

그녀는 왕이 자신의 집에 방문을 하니 영광스러운 일이라고 기꺼이 맞이하겠다고 하면서도, 남편도 없는 곳에 찾아오는 왕의 꿍꿍이를 의심했다. 그녀는 왕을 대접하는 식탁에 암탉으로만 요리를 차려 내게 했다. 왕이 도착했고, 익히 들었던 것보다 더 아름답고 기품이 있는 여인임에 놀랐다. 그리고 욕망이 타올랐다. 왕은 여러 가지 음식과 값비싼 술을 마시고, 아름다운 후작 부인을 가까이 보면서 흡족했다. 그런데 요리 쟁반이 바뀌어도 암탉요리만 나오는 것을 깨닫고 이상한 생각이 들었다. 이야기의 마무리는 이렇다.

왕은 적잖이 어리둥절해하며 암탉 요리만 내놓는 설명을 들어 볼 까닭이 충분히 있다고 생각했습니다. 그래서 부인을 돌아보고 웃으면서 말했습니다.

"부인, 이 언저리에는 암탉만 나고 수탉은 한 마리도 나지 않습니까?"

부인은 이 질문의 뜻을 환히 알고 있었으므로, 하나님이 자기 소원을 받아들여 가슴 속을 분명하게 털어놓을 기회를 주셨다고 여겨 묻는 왕을 돌아보며 참으로 명쾌하게 대답했습니다.

"아닙니다. 폐하. 그렇지는 않습니다. 하지만 여자란 옷차림이나 신분에 여러 가지 변화는 있어도 속은 다 같은 법입니다."

이 말을 듣자 왕은 곧 암탉만으로 마련된 식사의 뜻과 말 속에 감추어진 교훈을 깨달았습니다. 그래서 이런 부인은 아무리 설득해도 헛일이며, 권력을 휘두를 경우도 아니라고 생각했습니다. 이 부인을 연모하는 것은 얼마나 철없는 짓이며, 그런 사련은 자기명예를 위해서도 꺼 버려야 함을 깨달았습니다. 그래서 왕은 부인의 대답이 두려워 농담 한 마디 하지 않고 모든 소망을 단념하고는 식사를 했습니다. 식사가 끝나자 얼른 떠나야 한다는 구실로 이 꿍심 있는 방문을 적당히 끝맺기로 하고 그녀에게 받은 환대에

1840년대 초 앙리 데케인이 유화로 그린 역사화 <제4차 십자군의 지도자로 선출된 몬페라르또 후작, 보니파시오 1세>

감사했습니다. 그리고 부인으로부터 하나님의 축복이 내리기를 빈다는 인사말을 듣고 제노바로 떠나갔습니다.

세상을 살아가다 보면 그리스도인으로서 당혹스러운 위기에 처할 때가 많이 있다. 부정한 일에 참여하게 될 수도 있고, 여러 죄의 유혹들이 찾아올 때도 있다. 그럴 때마다 하늘의 지혜가 필요하다. 지혜로 행해야 악한 일에 연루되어 인생을 낭비하지 않는다. 주님께서 제자들에게 비둘기같이 순결하며 동시에 뱀처럼 지혜로울 것을 말씀하셨다. 그리스도인으로 순결하면서 동시에 지혜로울 때, 우리는 죄의 유혹을 이기고 악한 권세로부터 자유하게 살아갈 수 있다. 이런 이야기들이 우리에게 여러 지혜를 선사할 수 있을 것이다.

'외인에게 대해서는 지혜로 행하여 세월을 아끼라'(골 4:5)

유머가 섞인 재치와 지혜에 대한 또 다른 재미있는 이야기가 《데카메론》에 실려 있다.

쿠라도라는 사람이 매를 이용해 학을 한 마리 잡았다. 요리사에게 요리를 명령했다. 요리사 키키비오가 학을 굽고 있는데, 그가 좋아하는 여인이 들어와 학 다리 하나를 달라고 했다. 그는 당황스러웠지만, 사랑하는 여인의 간청에 학 다리를 주고 말았다. 쿠라도는 다리가 하나 없는 학 다리 요리를 받고 깜짝 놀랐다. 거짓말쟁이 요리사

《데카메론》 원고에 실린 타데오 크리벨리의 삽화(1467년).

키키비오는 학은 원래 다리가 하나 밖에 없다고 했다. 쿠라도는 화가 나서 학 다리가 하나 밖에 없다는 것을 증명하지 않으면 죽게 될 것이라고 경고했다.

키키비오는 12마리 학이 한 다리로 자고 있는 것을 주인에게 보여줬다. 쿠라도는 요리사의 속임수를 알고 '휘이'하고 소리를 질러 학이 날아가게 했다. 학은 두 다리로 날아갔다. 키키비오는 주인에게 재치 있게 말했다. 주인님은 어제 밤 '휘이'라고 하지 않았잖아요. 그랬다면 학이 한 다리를 더 내놨을 텐데요. 쿠라도는 그 답이 너무나 마음에 들어 용서해 주었다.

인간의 죄악을 통해서도 뜻을 이루시는 하나님의 섭리의 오묘함

네이필레가 나눈 첫째 날 두 번째 이야기

파리에 자노 드 세비네라는 매우 선량한 기독교인이 살고 있었다. 그는 정직하고 책임감이 강한 직물업자로, 역시 상인이자 책임감이 강하고 정직한 유대인을 친구로 두고 있었다. 자노는 선량한 마음씨를 가진 친구가 기독교로 개종하기를 간절히 소망하게 되었다. 그가 유대인 친구 아브라함에게 기독교야말로 신성하고 건전한 종교라서 나날이 번성하는데, 유대교는 쇠망의 길을 걷고 있지 않느냐면서 개종을 계속 권유했지만, 아브라함은 종

셋째 날의 여왕 네이필레와 필로스트라토의 이야기를 듣는 피렌체 사람들.

교를 바꿀 생각이 전혀 없다고 거절했다. 그러나 자노는 포기하지 않았다. 계속해서 개종을 설득했다. 아브라함은 유대교에 대한 신앙이 깊었지만, 자노의 우정에 감동한 것인지 성령에 의해 마음이 움직인 것인지 결국 자노에게 지고 말았다.

아브라함은 자노에게 자신이 개종하려는 생각이 있으며, 개종하기 전에 로마에 가서 교황과 추기경들의 품위와 태도를 직접 보고 기독교가 더 뛰어나다고 여겨지면 개종을 하겠다고 말했다. 자노는 매우 실망하며 중얼거렸다. '이 사람을 개종시킬 수만 있으면 매우 애쓴 보람이 있겠다고 생각했었는데, 그 고생도 물거품으로 돌아가는가 보군. 교마 교황청에 가서 성직자들의 그 더러운 악덕 생활을 보면 그리스도 교도가 되기는커녕 그리스도 교도라도 틀림없이 유대 교도로 되돌아가고 말테니.' 그래서 친구 아브라함에게 여행을 가지 말라고 많은 이유를 대며 말렸다. 그러나 아브라함은 끝까지 뜻을 굽히지 않고 로마 여행을 가게 되었다.

아브라함은 로마에 도착했고, 동료 유대인들에게 큰 환영을 받았다. 그러나 자신의 여행 목적을 드러내지 않고 은밀히 교황과 추기경들과 성직자들의 상태를 관찰하기 시작했다. 그 결과 성직자들이 음탕한 생활을 하고 있다는 것을 알게 되었다. 또한 여색에 빠진 것뿐만 아니라 남색에도 빠져 있고, 술주정꾼에다가 탐식하는 자들이라는 것도 알게 되었다. 자신이 파리에서 거래하는 직물이나 그 밖의 물건 거래보다 더 큰 규모로 성물을 매매하고 있다는 것을 보고 파리로 돌아오게 되었다. 자노는 친구가 개종하지 않을 것이라고 생각하면서도 고향으로 돌아온 친구를 만나 로마의 성직자들에 대해 물어보았다. 친구는 대답했다.

"너무 심하더군. 그러다간 하나님의 벌을 받을걸. 자네니까 똑똑히 말하지만, 내가 보건대 어느 성직자나 신성하다든가 신앙상의 헌신이라든가 선행이라든가 모범적인 생활 같은 것은 약으로 쓰고 싶어도 찾아볼 수 없었고, 오히려 음창하고 탐욕스럽고 미식만 찾고 시샘이 많은데다 오만하더군. 그밖에 모두 그와 비슷한 나쁜 것뿐이었으니, 만일 그와 비슷한 그 이상의 나쁜 일이 있다면 말일세만 아무리 잘 봐주고 싶어도 하나님의 일에 종사하고 있다기보다 악마의 소업을 만들어내는 제작소 같은 느낌이 들었네. 더욱이 그런 것을 위해 자네가 말하는 하나님의 양치기, 다시 말해 교황은 온갖 신경을 다 쓰고, 모든 지혜를 다 짜고, 모든 술책을 다 부리고 있는 것처럼 보였다네. 그 때문에 다른 사람들도 그리스도교의 초석이자 기둥이어야 하는데도, 그리스도교를 무로 돌려 이 세상에서 추방하려 애쓰고 있는 것처럼 보이더란 말일세.

그러나 내가 알기로는 그들의 그와 같은 안간힘은 열매를 맺지 못하고, 오히려 자네의 종교에는 더 신자가 불어나, 성령이 어느 종교보다도 신성하고 참된 것으로서 찬연히 빛나고, 가르침의 훌륭한 초석이 되고 기둥이 되었던 것 같네. 나는 자네의 권유에도 끄떡하지 않고 그리스도 교도가 되기를 거부해 왔네만, 이제는 무슨 일이 있어도 그리스도 교도가 되지 않고는 못 견디게 되었다고 말하고 싶네. 자, 함께 성당으로 가세. 자네의 신성한 종교의 관례에 따라 성당에서 내게 세례를 베풀게 해주지 않겠는가?"

라고 말하면서 기독교로 개종하겠다고 말했다. 자노는 너무 기뻐했고, 아브라함은 선량하고 훌륭한 사람이 되었다.

때로 인간의 죄악을 통해서도 하나님의 뜻을 이루는 것을 성경을 통해서 많이 볼 수 있다. 형들이 요셉을 노예로 팔았으나, 하나님은 그 일을 하나님의 계획을 이루시는 데 사용하셨다. 느부갓네살이 꿈과 그 해석을 말하지 않으면 지혜자들을 다 죽이겠다고 포악함을 드러내게 되었을 때, 하나님께서 다니엘에게 은밀한 것을 드러내 주셔서 그가 왕과 버금가는 통치자가 되고, 왕에게 하나님을 인정하도록 만들었다(다니엘 2장). 바울은 자신이 감옥에 갇히게 되었을 때 자신을 시기하던 많은 그리스도인들이 이 시기심으로 열심히 전도를 하게 되었고 복음이 진보하게 되었다고 고백한다(빌립보서 1장). 바울은 구약의 계승자인 유대인들이 예수를 거부함으로 이방인들이 예수님을 믿게 되었다는 놀라운 역설을 전하면서 다음과 같이 고백한다.

> '깊도다 하나님의 지혜와 지식의 풍성함이여, 그의 판단은 헤아리지 못할 것이며, 그의 길은 찾지 못할 것이로다'(롬 11:33)

교회의 타락에도 불구하고, 여전히 개종자를 내시는 데카메론의 한 에피소드는 우리에게 다시 한 번 하나님을 신뢰하고 살아가도록 격려한다.

진정한 복음은
신분과 지위와 성별을 뛰어넘는다

피암메따가 나눈 네 번째 날 첫 번째 이야기

살레르노의 탕크레디 공은 기스몬다라는 외동딸이 있었다. 그는 딸을 너무나 사랑한 나머지 혼기가 훨씬 넘은 나이가 되었음에도 결혼을 시키지 않고 있었다. 그러다가 딸은 한 공작의 아들과 결혼을 했는데, 얼마 안 가 남편과 사별하여 다시 아버지와 살게 되었다. 탕크레디 공은 딸의 재혼에 관심이 없었으나, 그녀는 사랑하는 사람을 만나고 싶었다. 그녀는 아버지의 궁정에 자주 드나드는 귀족이나 평민이나 상관없이 남자들을 살펴보았다. 그러다가 예의, 태도, 품성 등을 보며 평소에 아버지도 칭찬을 아끼지 않았던 귀스까르도라는 남자를 사랑하게 되었다.

그는 신분이 낮았지만, 행동이나 품위가 귀족들 못지않았다. 둘은 서로를 열렬히 사랑하기 시작했다. 그 비밀스런 사랑은 결국 아버지 탕크레디 공에게 발각되었고, 딸은 아버지의 반대에도 불구하고 사랑을 포기할 수 없었다. 그는 딸에 대한 애정으로 부하들을 시켜 귀스까르도를 죽이고, 그 심장을 황금 잔에 담아 딸에게 보내 경고했다. 그러나 그녀는 그 잔에 독물을 넣어 마시고 죽음을 맞는다.

1759년 윌리엄 호가스가 신화를 묘사한 유화 <귀스까리도의 심장을 애도하는 기스몬다>

이 비극적인 이야기는 우리 주변에 늘 있는 슬픈 사랑의 이야기이자, 신분과 지위와 성별에 대한 편견과 차별이 드러난 이야기다. 복음은 모든 것을 뛰어 넘는다. 바울은 빌레몬에게 도망쳤으나 지금은 주님 안에 형제가 된 오네시모를 받아들이라고 권면한다. 복음이란 바울이 전한 다음의 말씀이 이루어지는 것이다.

'너희는 유대인이나 헬라인이나 종이나 자유인이나 남자나 여자나 다 그리스도 예수 안에서 하나이니라'(갈 3:28)

기스몬다가 자신의 사랑에 반대하며 설득하는 아버지에게 했던 아래의 진실한 간청이 복음적 호소로 들린다.

"그러나 이러한 결과가 된 것은 저의 여자로서의 연약함에서가 아니라 저의 결혼에 아버지의 마음 씀이 부족했던 것과 그분의 덕의 높음에서 입니다. … 저는 아버지의 자식으로 살아 있는 육체를 지니고 게다가 아직 젊음에 가득 차 있습니다. 따라서 그러한 두 가지 이유로 욕정에 불탑니다. 특히 저는 한 번 결혼했던 몸이니만큼 그 욕정을 채우는 일이 얼마나 즐거운가를 잘 알고 있습니다. 그래서 격렬한 자극을 받아 왔던 것입니다. 이리하여 저와 같은 여자의 몸으로서는 그 강렬한 충동을 거역할 길이 없어 끌리는 대로 몸을 맡겨 사랑에 빠지고 말았던 것입니다. 그래서 물론 저는 그러한 인간의 천성의 죄에 마음이 이끌린 것으로 될 수 있는 대로 아버지에게도 수치가 되는 일은 하고 싶지 않다고 노력해 왔습니다. …

저는 많은 여성들처럼 우연한 일에서 귀스까르도를 고른 것은 아닙니다. 생각한 끝에 누구보다도 훌륭한 사람이라고 여기고 그를 택했던 것입니다. … 아버지가 지금 꾸짖고 계시는 것은 저의 죄가 아니고 운명이라는 것을 아버지께서는 깨닫지 못하고 계십니다. 운명이라는 것은 품격 없는 자를 높이 떠올리고 정말로 품격 있는 자를 낮은 자리로 떨어뜨리곤 하는 일이 자주 있습니다.

그러나 지금은 그런 일에 언급 않기로 하고 사물의 도리를 좀 생각해봅시다. 그렇게 하면 우리들은 모두 똑같은 육체로 되어 있고 같은 한 창조주에 의하여 모두 마음이라는 것이 같은 힘, 같은 재주, 같은 덕으로 만들어져 있다는 것을 아실 것입니다. 이같이 평등하게 태어났고, 그리고 앞으로도 평등하게 태어날 우리들을 구별하는 것은 우선 그 마음의 덕입니다. 그리고 그 마음의 덕을 많이 소유하고 그 힘을 발휘한 자가 고귀한 사람이라 불리고 그렇지 않은 자는 고귀한 사람으로 되지 못했던 것입니다."

야고보 사도는 다음과 같이 가르침을 주었다.

'내 형제들아 영광의 주 곧 우리 주 예수 그리스도에 대한 믿음을 너희가 가졌으니 사람을 차별하여 대하지 말라 만일 너희 회당에 금가락지를 끼고 아름다운 옷을 입은 사람이 들어오고 또 남루한 옷을 입은 가난한 사람이 들어올 때에 너희가 아름다운 옷을 입은 자를 눈여겨 보고 말하되 여기 좋은 자리에 앉으소서 하고 또 가난한 자에게 말하되 너는 거기 서 있든지 내 발등상 아래에 앉으라 하면 너희끼리 서로 차별하며 악한 생각으로 판단하는 자가 되는 것이 아니냐'(약 2:1-4)

우리는 사람을 신분이나 성별, 인종이나 경제적 지위로 판단하지 말아야 한다. 다만 그리스도 안에서 우리가 소유한 인격과 덕, 그리고 우리의 행위로 판단하는 것이 옳다. 진정한 복음은 신분과 지위와 성별을 뛰어넘기 때문이며 이로 인해 우리가 용납되었기 때문이다.

말이 아니라 참된 인품이
진정으로 사람을 변화시킨다

필로스트라또가 나눈 열째 날 세 번 째 이야기

부유한 젊은이 미트라다네스라는 사람이 있었다. 이 사람은 명성을 얻는 것을 가장 중요한 것으로 여기는 사람이었다. 그는 자기가 명성을 얻기 위해 사람들에게 선행을 베풀었다. 그러던 중 그는 위대한 인격으로 자신보다 큰 명성을 얻고 있는 나딴이라는 사람이 있다는 것을 알게 된다.

어느 날 미트라다네스에게 한 여인이 동냥을 하러 왔다. 그 여인은 계속해서 동냥을 하러 왔고, 13번째가 되자 그는 그녀를 꾸짖었다. 그러자 그녀가 말했다. '정말 나딴 나리의 대범하심이란 놀랄 만하죠. 그분 댁은 이 댁처럼 서른 두 군데의 출입구가 있습죠. 제가 들어가서 동냥을 달라 하면, 그 어른은 한 번도 낯을 보시려고 하지 않고 번번이 동냥을 주셨답니다. 한데, 이 댁에서는 불과 열세 번밖에 안 되었는데 얼굴을 알아보고, 거기다가 꾸지람까지 받았군요.'

이 사건으로 그의 질투는 점점 커갔고, 나딴을 죽이고 자신이 가장 큰 명성을 얻으려는 마음까지 갖게 되었다. 그는 계략을 꾸미기 위해 길을 걷다가 초라한 한 노인을 만났고, 그에게 나딴의 집이 어딘지 물었다. 그는 그 노인에게 친절한 환대를 받았고, 그 사람이 믿을만하다고 생각이 들어 대화를 하다가 그를 통해 나딴이 아침에 어디서 혼자 산책을 하는

지와 거기서 그를 죽이고 어떻게 발각되지 않고 돌아갈 수 있는지를 듣게 된다.

　다음 날 아침 미트라다네스는 활과 칼을 가지고 나딴을 죽이러 가서 그를 만나 소리를 쳤다. 나딴은 '그렇다면 그만한 값어치는 있겠군'이라고 대꾸했다. 그 순간 미트라다네스는 알게 되었다. 어제 그 노인이 바로 나딴이었다는 것을. 그는 죽이려고 빼든 칼을 집어던지고, 말에서 뛰어내려 눈물을 흘리면서 나딴의 발 아래 꿇어 엎드렸다. 그리고 자신에게 죄에 상응하는 벌을 내려달라고 간청했다. 나딴은 그를 일으켜 세워 인자하게 볼을 비비며 입을 떼었다.

> '내 아들아 너는 자신의 행동을 죄악이라고 해서 용서를 빌 필요는 없다. 그것은 미움에서 나온 것이 아니라, 훌륭한 인물이란 소리를 듣고 싶어서 한 것이 아니냐. 이젠 나 따위는 개의치 말고 살아라. 어느 누구보다도 훌륭한 삶을 영위한다는 자신을 가져라. 네 고고한 뜻을 생각해서 나는 누구보다도 너를 사랑한다.
>
> 　너는 탐욕한 사람처럼 돈을 모으기 위해서가 아니라, 모은 돈의 용도를 열어 주었잖느냐. 너는 유명해지려고 나를 죽이려 했던 것을 부끄러워 말고, 또 내가 그런 일에 놀란다고 믿어서는 안 된다. 뛰어난 황제와 위대한 국왕은 사람을 죽이는 일밖에 달리 수단을 갖지 않는다. 그것도 너처럼 한 사람이 아니고 무수한 사람을 죽이고 마음을 불사르고 도시를 점령하고 영토를 넓혀서 그것으로 자신들의 명성을 높이고 있다. 그런데 너는 너의 명망을 위해 나 한 사람을 죽이려 했는데, 그것이 뭐 놀랄 만한 일이냐'

　그는 위대한 관용을 보여준 나딴을 존경하게 된다. 그는 자신의 목숨

1523~1525년경 줄리아노 부자르디니가 그린 유화 <모피 코트를 입은 볼로냐 신사의 초상>. 나탄으로 연상되는 중세 남성 초상화다.

까지 희생하여 관대함의 인격이 무엇인지 깨닫게 하려 했던 모습에 크게 감동하고 스승으로 모시게 된다. 사람을 변화시키는 힘은 어디서 나오는가? 충고나 훈계나 옳은 말이 아니다. 그것은 이미 바리새인들이 많이 했던 일이다. 그들은 소경을 인도하는 소경이었다. 사람을 변화시키는 힘은 위대한 인격과 삶이다. 나딴의 위대한 인격은 자신을 죽이려는 이에게도 변함이 없었고, 그는 결국 가장 현명한 사람으로 영원히 칭송 받게 되었다. 나딴은 미트라다네스의 악한 행위에서도 선한 것을 발견하고 격려한다. 악한 이에게서도 아름다운 동기를 발견한다.

예수님께서는 십자가에서 자신을 욕하고 비난하는 모든 자들을 용서하셨다. 그분은 자신을 배신했던 제자들에게 찾아가셔서 아침을 대접하셨다. 우리는 예수님에게서 철학자들과 말쟁이들을 뛰어넘는 고결함을 발견한다. 수많은 스승과 철학자들은 사라졌어도, 예수님께 감동되어 인생을 바치는 이들이 지금도 수없이 많다. 참된 인격이 사람을 변화시킨다는 것을 현자 나딴을 통해 깨닫게 된다.

10일 간의 이야기

《데카메론》은 창궐하던 흑사병을 피해 모인 남자 3명, 여자 7명 총 10명의 남녀가 피렌체 교외에서 자연을 벗 삼아 10일 동안 각각 하루에 하나씩의 이야기를 하는 방식으로 진행된 100개의 이야기집이다. 매일 이야기를 마치면서 춤추며 부르는 노래들이 10개 들어 있다. 10명이 하루씩 진행자가 되어 대화를 이끌고, 진행자는 그 날의 마지막 이야기꾼이 된다. 각각의 이야기들은 저자가 민중들 사이에 돌던 이야기들을 각색하여 화자들의 입에 넣은 것이다.

저자는 18-28세의 귀족의 핏줄을 가진 7명의 여인들에게 가상의 이름을 붙인다. 빰뻬네아, 피암메따, 필로메나, 에밀리아, 라우레따, 네이필레, 엘리자. 그리고 3명의 남자들에게도 마찬가지로 이름을 부여한다. 빰필로, 필로스트라또, 디오네오.

필로스트라또

10일 간의 진행자와 주제들

매일 진행자 한 사람이 주제를 제안하고, 10명이 돌아가며 그 주제에 맞는 이야기를 한다. 그리고 매일의 마지막에 하나의 노래로 주제가 정리된다.

첫째 날 빰삐네아 (어떤 주제이든 자신이 가장 좋아하는 이야기)

둘째 날 필로메나 (괴로움을 겪은 후에 뜻밖의 행복한 결과를 얻은 사람들의 이야기)

셋째 날 네이필레 (바라던 것을 얻은 사람들, 잃었던 것을 다시 찾은 사람들의 이야기)

넷째 날 필로스트라또 (사랑으로 인해 불행한 결말을 맞이한 사람들의 이야기)

다섯째 날 피암메따 (불행을 겪고 나서 행복한 결말을 얻는 연인들의 이야기)

여섯째 날 엘리자 (기발한 재치로 자신의 위기를 벗어나는 이야기)

일곱째 날 디오네오 (여자들이 자기 자신이나 사랑을 위해 남편을 속이는 이야기)

여덟째 날 라우레따 (여자와 남자가 서로를 속이고, 남자끼리 서로 속이는 이야기)

1916년 존 윌리엄 워터하우스가 그린 유화 <데카메론의 이야기>

아홉째 날 **에밀리아** (재미있는 이야기)

열 번째 날 **빰필로** (상상 밖의 아량을 베풀거나 너그러운 행위를 한 이야기)

마무리하는 노래

빰삐네아의 진행으로 자신이 가장 좋아하는 이야기를 나눈 첫째 날 대화를 마무리하며 부른 노래는 다음과 같다.

"나는 아름다워 이 기쁨에 / 야릇한 생각의 꾐에는 / 끌리지도 보지도 않는다

거울에 비춰 볼 때마다 / 하느님도 기리실 이 아름다움 / 이 기쁨은 꺼지지 않는다 / 무엇이 일어나든 타이르든 / 유혹에 마음이 흔들거릴 / 그 어떤 즐거움 있을지라도 / 꿈에도 내 마음 끌리지 않는다.

이 기쁨 속에 잠겨 있으면 / 이 행복은 꺼지지 않는다. / 그 어떤 설교나 달콤해서 / 들뜬 내 마음에 즐거움 차고 / 야릇한 설득엔 마음이 안 타 / 꿈에도 효과는 있을 수 없다.
그래서 거울을 들여다보면 / 나의 아름다움 불처럼 타서 / 하느님이 주신 기쁨 맛보고 / 그 결에 다가갈 기쁨 바라며 / 하느님께 바치리 나의 모든 것 / 그러니 행여 꿈에라도 / 야릇한 유혹은 들리지 않는다."

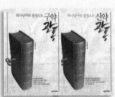